企业数字化转型

姚建明 著

ENTERPRISE
DIGITAL
TRANSFORMATION

清华大学出版社
北京

内 容 简 介

本书针对读者在学习理解"数字经济、企业数字化转型"等问题上的若干误区，围绕企业数字化转型中普遍存在的问题，从全新的理念、体系、工具和方法等方面重新架构了企业数字化转型的核心内容，使读者突破认知束缚，在转型实践中得心应手。

本书清晰界定了"数字经济"和"企业数字化转型"，提出了全面做好企业数字化转型的若干原创性和系统性的理念、框架、工具和方法，如企业数字化转型的系统框架、"三维驱动 - 五位赋能"（3D5E）模型、"互联网 +"和"智能 +"思维的运用、"价值驱动"与"数据驱动"的实现方法、数字化转型的"商业模式"创新路径与"场景打造"的核心要领、"精准"三角形工具、"智能制造"的实现逻辑与"跨界 - 融合 - 参与"定制（TIPC）模式设计、数字化转型的重要工具"三大法宝"、数字化转型组织重构的 8S 方法、超柔性组织架构的搭建、全域成熟度评价模型（GMEM）和全域驱动力模型（GDFM）的运用、数字化转型的推进与落地路线图、数字化产业生态的打造方式等。

本书原创内容是作者近年来对若干国企（包括央企）、金融机构、头部企业等数字化转型培训心得和实战经验总结的结晶。

本书适合各类企业管理人员阅读，也可供高等院校 EMBA、MBA 及其他层次学生作为企业数字化转型教材使用。

图书在版编目（CIP）数据

企业数字化转型 / 姚建明著 . —北京：清华大学出版社，2022.9（2023 . 4 重印）
ISBN 978-7-302-61681-8

Ⅰ . ①企⋯　Ⅱ . ①姚⋯　Ⅲ . ①数字技术－应用－企业管理　Ⅳ . ① F272.7

中国版本图书馆 CIP 数据核字 (2022) 第 145005 号

责任编辑：王　青
封面设计：汉风唐韵
版式设计：方加青
责任校对：王荣静
责任印制：沈　露

出版发行：清华大学出版社
　　　　　网　　　址：http://www.tup.com.cn，http://www.wqbook.com
　　　　　地　　　址：北京清华大学学研大厦 A 座　　邮　　编：100084
　　　　　社 总 机：010-83470000　　　　　　　　邮　　购：010-62786544
　　　　　投稿与读者服务：010-62776969，c-service@tup.tsinghua.edu.cn
　　　　　质 量 反 馈：010-62772015，zhiliang@tup.tsinghua.edu.cn
印 装 者：三河市东方印刷有限公司
经　　销：全国新华书店
开　　本：148mm×210mm　　　印　　张：9.5　　　字　　数：169 千字
版　　次：2022 年 10 月第 1 版　　印　　次：2023 年 4 月第 2 次印刷
定　　价：89.00 元

产品编号：098807-01

前　言

21 世纪以来，国内外环境发生了复杂而深刻的变化，一场始于数字化信息科技革命的时代变革正在从技术领域拓展到经济、社会、文化、生活等各个领域，成为重塑经济模式、社会治理模式甚至国际竞争格局的重要结构性力量。这一力量引导着世界进入以数字信息技术为主导的经济发展时期，数字经济逐渐成为全球经济发展中必不可少的助推力和新引擎。数字技术革命以前所未有的速度和规模改变了我们的生产、生活方式和社会形态，给社会各主体带来了巨大的发展机遇，同时也带来了挑战。

企业作为社会经济活动的基本单元，在推动经济和社会发展的过程中具有重要的作用，企业数字化转型是数字经济发展中的重要内容。《中华人民共和国国民经济和社会发展第十四个五年规划和 2035 年远景目标纲要》中有关"加快数字化发展、建设数字中国"的论述中，也对做好企业数字化转型进行了部署。

当前，随着我国数字经济的发展，进行数字化转型实践和探索的企业越来越多，涵盖各行各业、各种性质。但由于很多企业在进行数字化转型时，往往行动快于思考，在没有弄明白转型本质和关键要点的前提下就贸然开展数字化转型工作，结果陷入了"转型泥潭"，不仅转型之路越走越迷茫，而且对数字化转型有了一定程度的质疑。

当然，导致企业数字化转型工作陷入"转型泥潭"的原因有很多，如目标不清、落地迷茫，操作急切、对标照搬，着眼局部、忽略整体，人才匮乏、基础薄弱，一锤定音、原地徘徊等，这些都是当前企业数字化转型中面临的普遍问题。再比如，尽管当前大家对数字化转型关注很多，但真正认识和理解企业数字化转型本质的还比较少，有不少企业仍把数字化转型简单地理解成了信息化改造等。

为了更好地应对企业数字化转型中普遍存在的问题，避免陷入"转型泥潭"，我们不能不加思考地直接照搬其他企业的做法，而是必须从全面、系统的角度对企业的数字化转型工作进行分析和思考，以转型的目标和企业存在的问题及痛点作为方向引领，在转型工作中做出差异化和创新的举措，持续、动态地推进转型工作。

为了实现上述目的，我们需要一套系统的企业数字化转型方法论进行指导，但从目前已有的相关数字化转型书籍来看，并没有合适的原创方法论。多数围绕企业数字化转型的书籍或者是碎片化公开知识的汇总，或者是部分企业转型实践案例的总结，或者是局部性地探讨转型问题（如探讨大数据营销、直播电商渠道、财务办公数字化、采购数字化等），或者直接切入技术层面（如转型的信息系统架构、中台建设等）来探讨转型的话题。最核心的问题在于，这些书籍都缺少系统性、创新性的企业数字化转型思想与引领的主线。

作为数字经济与管理创新领域的引领者和开拓者，本书作者在多年的企业管理理论与实践研究积累的基础上，对数字经济和企业数字化转型的相关问题进行了深入的创新性研究，提出了一系列原创的转型方法论、理念和工具。基于对若干国企（包括央企）、金融机构、各行业头部企业等的数字化转型培训心得和实战经验总结，以及面向广大中小企业的公开培训，作者逐渐形成了企业数字化转型的创新理念、系统架构以及实用性较强的转型实操工具与方法。

本书清晰界定了什么是"数字经济"和"企业数字化转型"，提出了全面做好企业数字化转型的若干原创性和系统性的理念、框架、工具和方法，如企业数字化转型的系统框架、"三维驱动-五位赋能"（3D5E）模型、"互联网＋"和"智能＋"思维的运用、"价值驱动"与"数据驱动"的实现方法、企业数字化转型的"商业模式"创新路径与"价值场景打造"的核心要点、"精准"三角形工具、"智能制造"的实现逻辑与"跨界-融合-参与"定制（TIPC）

模式设计、数字化转型的重要工具"三大法宝"、企业数字化转型组织重构的 8S 方法、超柔性组织架构的搭建、全域驱动力理论（GDFT）（包括全域成熟度模型和全域驱动力模型）的运用、企业数字化转型的推进与落地路线图、数字化产业生态的打造方式等。

本书内容通过两篇（共 12 章）进行系统阐述。

第 1 篇：理解数字经济与企业数字化转型；

第 2 篇：如何做好企业数字化转型。

需要说明的是，本书定位为企业数字化转型的基础性读本，重点阐述企业数字化转型的理念与方法。在具体阐述时，为了便于读者理解，对于某些工具和方法进行了去技术化的简略处理，其相关内容将在本书的姊妹书籍中进行详细阐述。

写作本书的目的主要是：

（1）让读者清晰理解数字经济与企业数字化转型的本质内涵和核心要点；

（2）让读者清晰理解"如何做好企业数字化转型"，实现入手不迷茫，在转型实践中得心应手，避免陷入误区；

（3）让读者清晰理解"做好企业数字化转型"的核心思路、体系架构、推进和落地举措以及一系列实用的工具与方法，实现学以致用的目的。

　　我们始终认为，一本企业数字化转型图书的作用不在于向读者介绍或罗列多少公开的概念或知识点，而在于如何引领读者系统地掌握分析和解决数字化转型问题的思路。学好企业数字化转型，不等于了解了多少其他企业的做法和案例，也不等于了解了多少成熟的数字技术和前沿的概念，关键在于能充满自信地告诉自己，我们企业的数字化转型应该如何做，为什么要这样做。

　　感谢中国人民大学中国企业创新发展研究中心李民、吴阳、锁立赛、王墨竹、杨扬、刘畅、史贺赟、许灵靖元、单子郁、李鸿民等同仁，润泽科技集团董事长周超男，《中国经贸》杂志社（数字经济创新联合实验室）王磊、刘璐、王南飞等友人在本书创作过程中提供的支持。

　　希望本书的出版能够帮助读者清晰理解数字经济与企业数字化转型的本质，明确"如何做好企业数字化转型"，进而为更好地推动我国企业的数字化转型事业贡献力量。

中国人民大学中国企业创新发展研究中心

姚建明

2022 年 5 月

目　　录

第1篇

理解数字经济与企业数字化转型

第1章

数字经济及其发展趋势

1.1 数字经济是大势所趋

21世纪以来，国际环境发生了复杂而深刻的变化，一场始于数字化信息科技革命的时代变革正在从技术领域拓展到经济、社会、文化等领域，成为重塑经济模式、社会治理模式甚至国际竞争格局的重要结构性力量。这一力量引导着世界进入以数字技术为主导的经济发展时期，数字经济逐渐成为全球经济发展中必不可少的助推力和新引擎。

作为继农业经济、工业经济等传统经济之后的新经济形态，数字经济以使用数字化的知识和信息作为关键生产要素，以现代信息网络作为重要载体，以通信技术、人工智能技术等先进技术的有效运用作为效率提升和经济结构优化的关键动力，已经成为驱动全球经济社会发展和技术变革的主导力量，正在推动全球新一轮的科技革命和产业变革。

　　随着我国经济和技术的发展，数字经济已经深刻融入国民经济各个领域，其在优化经济结构、合理配置资源、促进产业转型升级等方面的作用日益凸显。目前，我国的数字经济发展水平持续快速攀升，数字经济与经济社会各领域融合的广度和深度不断拓展，进入了渐入实操、开花结果的新阶段，数字经济正在成为引领各地区（区域）培育现代化经济体系新动能和推动企业转型升级的重要新兴力量。

　　数字经济的蓬勃发展离不开党和国家的部署与引领，离不开国家政策的引导与扶持。近年来，习近平总书记的多次重要讲话对我国数字经济的发展进行了战略部署。党中央、国务院高度重视数字经济的发展，多次做出重要指示，强调要大力推进互联网、大数据、人工智能等新兴技术和实体经济的深度融合，发展数字经济、共享经济，培育新的经济增长点，形成新动能，也先后出台了网络强国、宽带中国、"互联网＋"、智能制造、促进大数据发展、人工智能、软件等一系列重大战略、规划和举措，并提出明确要求。在《中华人民共和国国民经济和社会发展第十四个五年规划和 2035 年远景目标纲要》（简称《"十四五"规划和 2035 年远景目标纲要》）中明确提出要"加快数字化发展、建设数字中国"，并明确指出了数字经济发展的几大领域，即经济的数字化、社会的数字化、政府的数字化及数字生态的建设，为我国数字经济构建了全方位、立体化、系统性的发展蓝图和目标指引。2022 年，第十三届全国人民代表大会第五次会议上的《政府工作报告》也对促进我国数字经济发展做了新的总结和阐述，明确提出了加强数字中国建设的整体布局。

可以看出，数字经济发展是大势所趋，我们应该紧抓数字经济发展带来的机遇，不断变革创新，为国家经济社会的高质量发展做出贡献。

1.2　什么是数字经济？

数字经济的定义

要想理解"数字经济"，我们需要将其拆开来看。"数字经济"是由"数字"和"经济"二者组成的。"数字"是数字技术的简称，"数字技术"是电子技术专业中的一个物理概念，是区别于"模拟技术"的。"经济"是经济活动的简称，经济活动是"创造价值"的活动。

因此，"数字经济"就是用数字技术支撑起来的更好地创造价值的活动。我们可以这样来简单界定，"数字经济"是用数字技术支撑的创造价值的活动。

当前，数字技术的"支撑"也常被阐述成数字技术的"赋能"，以便使其创造价值的过程更加形象，同时也体现出深刻的意义，进一步突出了数字技术的重要作用。

如何理解数字技术

由于数字经济是用数字技术支撑（赋能）的经济活动，因此数字技术是开展数字经济活动的必要前提和基础性保障。

当前，人们在谈到数字技术的时候，往往会想到大数据、人工智能、云计算、物联网、区块链等众所周知的技术，有的人将数字技术归纳为"大（大数据）、人（人工智能）、物（物联网）、云（云计算）"，有的人将其归纳为"ABCD"（A——人工智能、B——区块链、C——云计算、D——大数据），等等。

但是，如果只是这样理解数字技术就过于浅显了。因为一个重要的问题是，我们在数字技术支撑（赋能）下开展不同的经济活动时，需要用到的数字技术显然是不同的。是否上述技术都需要？需要的程度如何？需要的时间如何？比如，什么样的活动应该用区块链技术？什么样的活动应该云计算？上云是上公有云还是私有云？这一系列的问题都必须弄清楚，否则技术一旦运用错误，不仅很难发挥其应有的作用，我们开展的活动也很难创造价值。

例如，在某些技术还不够成熟的领域完全用技术替代人工（如当前技术水平支撑下的无人驾驶汽车），不仅得不到应有的赋能效果与效率，还会增加安全风险，并会导致社会资源配置和利用的不均衡。

因此，如果抛开数字技术的物理概念范畴，我们需要明确地理解数字技术到底应该包含哪几类技术，这几类技术的作用是什么。

一般来讲，无论用来支撑（赋能）何种经济活动，"数字技术"主要应该包括三大类技术，即与数据有关的技术、与网络有关的技术及与计算有关的技术（简记为数据技术、网络技术和计算技术）。

"与数据有关的技术（数据技术）"主要负责的是"数据"如何获取的问题；"与网络有关的技术（网络技术）"主要负责的是"数据"如何传输的问题；"与计算有关的技术（计算技术）"主要负责的是"数据"如何分析计算进而驱动决策的问题。

例如，年纪较大的独居老年人会因为身边没有人照料而遇到危险，如摔倒后无法自己起来，得不到及时救治等。我们在构建智慧城市和智慧社区时都希望能够通过数字技术的运用解决独居老年人监护的问题。

　　针对这一问题，很多地方进行了尝试，如上海市尝试通过监测老年人家里的水表和电表的用量，来判断老年人是否出现了健康问题。这样做虽然方便，但是明显不够精准。也有的地方通过在老年人家里安装摄像头、让老年人佩戴可穿戴式终端设备（如腕表、随身心率监测仪）等手段来解决这一问题。

　　当然，也可以考虑通过在地板上铺设传感器来获取老年人的状态信息。平时老年人用两只脚踩在地板上，传感器能够随时感知受力面积和行走轨迹，老年人一旦跌倒，整个人躺在地上或半躺在地上，受力面积就会发生变化。

　　可以看出，无论采取什么样的技术手段，针对独居老年人监护问题的技术必须能够实现如下三个基本功能：首先，不论是监测水表电表、安装摄像头还是使用传感器，其目的都是获取老年人的即时状态数据（如是否摔倒了没有起来等），这就属于"数据技术"的范畴；其次，获取了数据之后，必须能够传输出去，否则救助人员就不可能知道，这就需要"网络技术"；最后，我们必须能够基于获取的数据判断下一步应该如何去救助老年人，这就要依靠对数据的分析和计算，即"计算技术"。

　　再举个教育方面的例子。如果孩子不爱学习，即使家长在家里安装摄像头随时盯着孩子的一举一动，也不一定能知道他对着电脑是在学习还是在胡思乱想。但如果我们有更深层次的识别技术来解决这个问题，比方说电脑上有个摄像头可以扫描孩子的面部表情，并能分辨在什么样的面部表情下，他是在认真学习和思考，在什么样的表情下，他是在胡思乱想等。同时，还能记录他一天有多长时间在胡思乱想。进而，把这个信息分析结果传递给家长，就可以让家长了解孩子的学习专注程度。

在上例中：首先，电脑上的摄像头是要获取孩子的即时面部状态数据，这就属于"数据技术"的范畴；其次，获取了数据之后，必须能够传输出去进行处理/存储或者告知家长，这就需要"网络技术"；最后，我们必须能够基于获取的面部表情数据计算和分析出孩子是在认真学习思考还是在胡思乱想，判断下一步应该如何应对，这就属于"计算技术"。

显然，我们常说的"数据获取（传感器等）、数据挖掘、数据清洗、数据加工、数据存储、数据治理等"都属于数据技术的范畴；"互联网、物联网、移动互联网等，2G、3G、4G、5G等"都属于网络技术的范畴；"人工智能（AI）、分布式计算、并行计算、去中心化计算、图计算、优化算法等"都属于计算技术的范畴。

由于相关技术繁多复杂，既有硬件技术又有软件技术，因此针对不同的活动使用什么样的技术，需要回归到做活动的根本目的上，即"干什么"和"怎么干"，也就是如何用合适的数字技术赋能活动来实现"正确地做正确的事"，才能更好地创造价值。有关如何全面理解企业管理"活动"的问题，将在本书第 3 章阐述。

1.3　数字经济的本质

如前所述，数字经济是用数字技术支撑的创造价值的活动。因此，**数字经济的本质是"创造价值"。**

我们在评判和衡量一个数字经济转型活动的方向是否正确时，关键是要判断其是否能够"创造价值"。

当然，不同的经济活动主体，由于其文化视野和格局不同，所处的内外部环境不同，目标不同，决定了其对"价值"的认识也不同。

我们以企业为例。有些企业的经营目的就是功利性的盈利，很少考虑社会价值的创造，因此其对数字经济的认识也必然局限在如何用数字技术赋能本企业的经营活动更好地赚取利润，甚至采取违法手段（如违规使用消费者隐私数据等）牺牲他人的利益或者浪费社会的宝贵资源也在所不惜。

因此，数字经济的本质虽然简单，但对"价值"的理解却非常深奥。对"价值"的认识（也就是价值观）既是引导各主体行动的准绳，也是衡量数字经济活动的重要标准之一。关于"价值"的论述，将在本书后文中详细介绍。

1.4　数字经济发展的重要性和紧迫性

当前，从国际、国内环境和形势来看，数字经济的发展具有明显的重要性和紧迫性。2021 年联合国《数字经济报告》指出，从全球范围来看，数字技术的发展影响着所有国家、部门和利益相关方。当今世界，数字化进程缓慢的国家与高度数字化的国家之间的差距越来越大。随着我国经济和社会的不断发展，我国在数字经济领域的发展态势良好。

中国互联网络信息中心（CNNIC）发布的第 49 次《中国互联网络发展状况统计报告》显示，截至 2021 年 12 月，在网民中，短视频用户使用率达到 90.5%，为 9.34 亿人次。除了短视频，即时通信、网络视频、在线办公、在线医疗、网上外卖和网约车也得到较快增长，用户规模分别达到 10.07 亿、9.75 亿、4.69 亿、2.98 亿、5.44 亿和 4.53 亿人次。此外，2021 年我国网民总体规模持续增长，总量已达 10.32 亿，较 2020 年 12 月增长 4 296 万，互联网普及率增至 73%。网民数量的持续增长主要来自两大方面：其一是农村地区互联网普及率持续提高，攀升至 57.6%，较 2020 年 12 月提升 1.7 个百分点，规模已达 2.84 亿；其二是老年群体加速融入网络社会，截至 2021 年 12 月，我国 60 岁及以上老年网民规模达 1.19 亿，互联网普及率达 43.2%。而在上网方式上，使用手机的比例高达 99.7%，这也是短视频用户率增加的主要原因；使用台式电脑、笔记本电脑、电视和平板电脑上网的比例分别为 35%、33%、28.1% 和 27.4%。[①]

中国信息通信研究院（简称信通院）在 2020 年和 2021 年连续两年发布了《中国数字经济发展白皮书》。《中国数字经济发展白皮书（2020 年）》显示，2019 年我国数字经济增加值规模为 35.8 万亿元，占 GDP 比重为 36.2%，同比提升 1.4 个百分点，按可比口径计算，2019 年我国数字经济名义增长 15.6%，高于同期 GDP 名义增速约 7.85 个百分点。《中国数字经济发展白皮书（2021 年）》显示，2020 年我国数字经济增加值规模为 39.2 万亿元，占 GDP 比重为 38.6%，数字经济增速达 GDP 增速的 3 倍以上。

通过上述两组报告的统计数据可以看出，近年来我国数字经济发展较为迅速，发展态势也非常良好，预示着未来更大的数字经济发展潜力。同时，国家层面也对数字经济的发展规划了蓝图，

---

① 资料来源：中国互联网络信息中心（cnnic.net.cn）。

如在 2021 年，《"十四五"规划和 2035 年远景目标纲要》）中明确提出要"加快数字化发展、建设数字中国"，并明确指出了数字经济发展的几大领域，即经济的数字化、社会的数字化、政府的数字化及数字生态的建设，如图 1-1 所示。

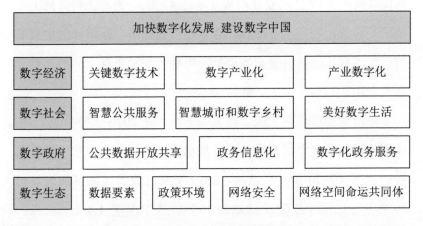

图 1-1 《"十四五"规划和 2035 年远景目标纲要》中关于数字经济发展的内容概要

2022 年 3 月 5 日，第十三届全国人民代表大会第五次会议上的《政府工作报告》对促进我国数字经济发展部分做了新的总结和阐述，明确提出要加强数字中国建设整体布局；建设数字信息基础设施，推进 5G 规模化应用，促进产业数字化转型，发展智慧城市、数字乡村；加快发展工业互联网，培育壮大集成电路、人工智能等数字产业，提升关键软硬件技术创新和供给能力；完善数字经济治理，释放数据要素潜力，更好地赋能经济发展、丰富人民生活。

《政府工作报告》从系统的战略高度对我国数字经济的发展指明了方向，进一步阐明了我国发展数字经济的重要性和紧迫性。《政府工作报告》将数字经济发展与提升科技创新能力、加大企业创新激励力度、增强制造业核心竞争力等国家创新驱动发展战略中的几个核心问题共同提出，一方面阐释了发展数字经济在巩固和壮大实体经济、推进科技创新、促进产业优化升级、实现高质量发展等方面的重要驱动力量；另一方面进一步突出了数字经济发展在场景应用、技术引导、资源调配、模式创新和价值挖掘等若干方面对实现我国创新驱动战略的底座支撑作用。同时，《政府工作报告》明确提出了发展数字经济的若干重要着力点。这些着力点涵盖了数字经济发展的四大重要领域，即数字经济的整体布局、基础设施建设和应用场景、促进实体经济发展和关键技术创新、数字要素价值挖掘和综合赋能。这四个领域全面、系统地涵盖了当前及今后一定时期我国数字经济发展的关键领域和价值创新的重要领域，而且是与国家战略紧密关联的。

报告中提出的发展数字经济的若干重要着力点，对于促进我国关键领域的技术突破具有明确的指导作用。比如，在数字产业化发展方面，有所侧重地明确提出了加快发展工业互联网，培育壮大集成电路、人工智能等数字产业，提升关键软硬件技术创新和供给能力，这将进一步引导资源的脱虚向实，向着有利于国家战略的核心技术领域发力。此外，《政府工作报告》中提出的发展数字经济的若干重要着力点，虽然涵盖了四个不同层面的重要领域，但其系统性和关联性强，相互促进，不可或缺，而且进一步突出了赋能经济和社会全面发展的若干重要方面，而这些方面不仅是对国家战略中某些具体内容（如乡村振兴战略、新基建战略等）的有力支撑，其本身也是这些具体内容的重要组成部分。

在 2022 年召开的全国政协"推动数字经济持续健康发展"专题协商会上，委员们认为，我国数字经济发展大国地位稳固，未来发展前景广阔，要推动数字经济和实体经济深度融合，引导中小企业数字化转型，充分挖掘工业互联网发展潜力。会议提出要支持平台经济、民营经济持续健康发展，研究支持平台经济规范健康发展具体措施；增加政府直接投入，提高全民族数字化素质，支持数字企业在国内外资本市场上市等一系列举措。

总之，随着近些年我国数字经济发展的稳步推进，以及数字经济创新实践和成果的不断总结，数字经济的发展也逐渐由浅及深、点面结合，在稳步推进中把握关键、攻坚克难，实现我国数字经济持续高质量发展的同时，有效助力国家经济和社会的全面发展已经成为一个明显的趋势。

第 2 章
企业数字化转型：避免陷入"泥潭"

2.1 什么是企业数字化转型？

前文指出，"数字经济"是用数字技术支撑（赋能）的经济活动，经济活动是创造价值的活动。基于上述数字经济的概念界定，"企业数字化转型"就是用数字技术支撑（赋能）企业全方位的经营管理活动，进而更好地创造价值的转型活动。

简单地讲，"企业数字化转型"是用数字技术支撑（赋能）企业创造价值的转型活动。

显然，这其中蕴含着企业数字化转型时必须明确的几个核心关键点，如下所示：

（1）必须明确企业数字化转型要创造什么样的价值；

（2）必须明确数字技术如何支撑（赋能）；

（3）必须明确用什么数字技术来支撑（赋能）。

企业在进行数字化转型时，如果弄不明白这三个关键点，必然会陷入"泥潭", 转型之路将越走越迷茫。

2.2 避免陷入"转型泥潭"

陷入"转型泥潭"的内、外部原因

当前, 随着我国数字经济的发展, 进行企业数字化转型实践和探索的企业也越来越多, 涵盖各行各业、各种性质的企业。但正如前文所述, 由于很多企业在进行数字化转型时行动快于思考, 因此在没有弄明白上述三个关键问题时就贸然开展了数字化转型的推进工作, 结果陷入了"转型泥潭", 不仅转型之路越走越迷茫, 而且开始质疑数字化转型。

当然, 导致企业数字化转型工作陷入"转型泥潭"的原因不完全在于企业自身, 很大程度上也在于给企业提供数字化转型服务的提供商(或机构)并没有搞清楚数字化转型的本质。这样的服务机构既有国内的也有国外的。

一般来说, 导致企业数字化转型"陷入泥潭"的原因大致可以分为两类(如图 2-1 所示): 一类是企业进行转型时, 由于不知道如何转型, 也没有合适的转型人才, 而将数字化转型工作交给企业信息部门的技术人员负责; 另一类是企业将数字化转型工作外包给第三方服务机构（企业），但由于这些机构某种程度上也不知道如何转型，也没有合适的转型人才，往往将其一直从事的业务或成熟的产品（如云服务产品、大数据营销方案及产品、财务和办公系统、数据中台方案等）直接销售给客户企业，并宣称数字化转型完成。但实际上，这样的操作离真正的企业数字化转型还差得很远。

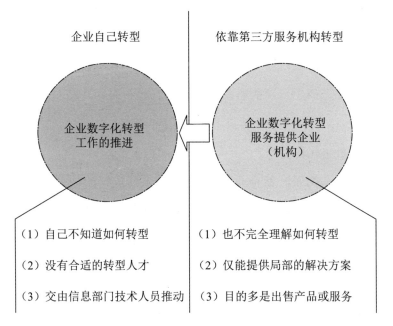

图 2-1　导致企业数字化转型"陷入泥潭"的内、外部原因

不论是企业自身转型还是靠别人转型，转不好的根本原因都

在于企业对数字经济及数字化转型的认识有偏差、不全面，并没有深刻理解和领悟数字化转型的本质到底是什么。

接下来举几个典型的例子，来看看这些操作是不是成功的数字化转型。

第 1 个例子，很多企业在进行数字化转型时，首先想到的就是机器换人，因此引进和购买了很多设备，替换了人工，如餐饮企业的炒菜机器人和传菜机器人、物流企业引进的自动化立体仓库、制造企业引进的自动化生产设备等。这些举措对企业而言，是成功的数字化转型吗？

第 2 个例子，当前，各大银行都在营业网点添置了大量的无人化设备，撤销了很多人工柜台。这一举措对银行网点而言，是成功的数字化转型吗？

第 3 个例子，某企业通过 20 世纪末期进行的信息化改造，上了很多信息化系统。当前，随着技术的进步，该企业将这些系统更换为更为"先进"的数字化系统。对该企业而言，这是成功的数字化转型吗？

第 4 个例子，随着传统互联网行业的发展逐渐进入竞争的深水区，很多互联网企业进入社区团购领域拓展市场。互联网企业进军社区团购，对社区而言是成功的数字化转型吗？

乍一看，上面几个例子中的做法可能都属于企业数字化转型的举措，但能否从这些做法中判断出企业数字化转型是成功的，可能还需要对问题进行综合、全面的分析。

读者可以先思考一下这几个例子，其相关解读将在本书的阐述中给出答案。

接下来，我们将详细地对企业数字化转型中面临的典型问题进行总结和分析。

企业数字化转型中面临的典型问题

我们近些年通过对若干行业、若干企业数字化转型实践的总结发现，企业数字化转型中面临的典型问题主要有如下几个方面，如图 2-2 所示。[①]

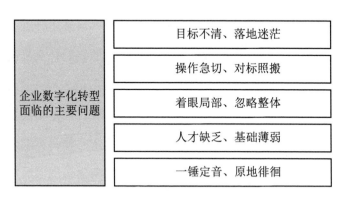

图 2-2　企业数字化面临的主要问题

---

① 姚建明 . 很多企业的数字化转型存在误区 [EB/OL].《财经》新媒体，https://finance.sina.com.cn/chanjing/gsnews/2022-03-25/doc-imcwipii0579873.shtml .

一、目标不清、落地迷茫

一些企业在做数字化转型时目标不是特别清晰，容易导致数字化转型和落地过程较为迷茫。目标不清晰也就是没有弄清楚进行数字化转型到底要"干什么"。

例如，很多企业把数字化转型工作交由企业的信息部门来推动，导致转型工作多数从改造企业原有的信息系统和信息平台入手，但改造的逻辑却没有什么变化。

但当改造工作推进到企业各个部门时，就会遇到一系列的问题。比如，企业原来的信息系统是否需要替换成新的信息系统？替换成哪一家供应商的系统最为合适？还是自己开发新系统合适？替换时应该投入多少成本？是局部替换还是全部替换？如果不替换，原来的不同系统之间到底如何衔接？系统中什么样的数据应该保留和存储（存储数据是要消耗成本的）？什么样的数据不应该保留？

同时，除了这些"技术"方面的问题，还有很多实实在在的现实问题需要解决。例如，对于各部门的具体问题和诉求到底如何通过新系统来解决？档案管理部门希望数字化转型以后能够解决其档案管理的效率问题；人力资源部门希望通过数字化转型解决其招聘人员时的智能搜索、智能挖掘和智能推荐人才的问题；

财务部门希望通过数字化转型解决其财务核算时的人工对账和审核问题；法务部门则希望通过数字化转型得到一个能够智能搜索和解读最新法律条文的系统；而每个事业部（业务线）的决策者则希望通过数字化转型得到未来新业务的拓展点；采购部门希望通过数字化转型得到智能化的采购决策方案；生产部门希望通过数字化转型得到智能化的生产计划方案；库存管理部门希望通过数字化转型得到智能化的库存决策方案；市场营销部门希望通过数字化转型得到智能化的市场推荐和客户精准的营销指引……

企业中不同主体（如部门等）根据自己要解决的问题和诉求，对信息部门着手推动的数字化转型工作抱有极大的期望，但这也导致了问题"难"解决、时常陷入"迷茫"等成为企业信息部门在推动数字化转型时的常见状态，如图 2-3 所示。

企业在进行数字化转型时，如果没有弄清楚到底通过转型要"干什么""干到什么程度"及"怎么干"等问题，就盲目地去"干"，必然会陷入迷茫。这已经不只是企业的信息部门陷入迷茫的事情了，而是整个企业都会陷入迷茫。有的企业甚至因为在目标不明确的情况下，导致转型的投入成本过高而又没有收益，陷入倒闭破产的境地。

因此，企业数字化转型切勿"目标不清"。

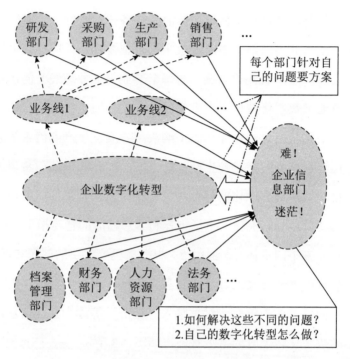

图 2-3　企业中不同主体对数字化转型的诉求示意

二、操作急切、对标照搬

如前所述，当前很多不同性质、不同规模的企业都在推进数字化转型。当然，推动转型的原因有很多，有外部原因（如想率先进入灯塔工厂的行列、完成地方政府的任务等），也有内部原因（如企业想提升管理效率或者拓展业务等）。

在这样的前提下，为了尽快实现"成功的"数字化转型，很多企业想马上找到一个标杆企业进行转型方案的对标和照搬。

但现实是，在数字化转型推进的这些年中，从全球范围来看，还没有一家企业的数字化转型可以被称为完美的标杆，所谓的成功都是需要加引号的。这是因为任何一个企业的数字化转型都应该是围绕自己企业的问题展开的，都应该是随着环境的变化不断探索和前进的，不加思考地照搬其他企业的做法不仅不一定能解决本企业的特殊问题，反而可能导致较高的投入得不到应有的产出。

三、着眼局部、忽略整体

很多企业由于对数字化转型认识不够全面和系统，在数字化转型时往往盯着企业局部的问题，如营销的数字化、财务会计的数字化、办公的数字化等。当然，这些都是企业在推进数字化转型时应该考虑的问题，而且由于提供这些数字化转型具体服务的供应商比较多，产品比较成熟，因此也是很多企业进行数字化转型时比较容易切入的着手点。

但如果我们没有进行企业整体数字化转型的思考，而只是着眼于这些局部的问题，可能会陷入忽略企业整体数字化转型的误区。

例如，某些本身就属于数字化行业领域的互联网平台公司，虽然其数字技术的使用程度较高，但多数都是围绕其业务领域展开的，如大数据营销、大数据杀熟等，数字化赋能往往做得并不全面。特别是在企业的管理决策领域，如在战略层面的战略和文化决策上，往往没有用数字化的思维与技术进行支撑和赋能，导致企业遇到很多问题，这方面的例子并不鲜见。归根到底，就在于没有从企业管理的全局视角全面、系统地从相关数据中挖掘出真正的价值来引导决策。

因此，企业做数字化转型不能盲目照搬，而是需要从企业经营管理的整体系统角度出发，进行合理规划与落地。

四、人才匮乏、基础薄弱

当前，尽管我们在人工智能、大数据、云计算、区块链等技术上取得了较大进展，但相关的资深技术人才，特别是数字化转型需要的复合型人才、技术原创型人才仍然匮乏，需要花长时间、大力气去培养。

企业数字化转型是企业管理与数字技术相结合的产物，仅懂数据、编程、系统、硬件、通信等技术的人员是无法完成数字化转型工作的。复合型人才需要围绕企业的问题、目标和痛点，为企业数字化转型提供整体规划和解决方案，还要有能力引导各类专业和技术人员处理好具体的业务和技术的衔接，这种人才目前还比较缺乏，需要下大力气培养。

在数字化相关技术方面，原始创新技术、核心技术基础较为薄弱。特别是在数字技术中的数据技术和计算技术方面表现得较为突出。众所周知的"芯片"等尖端短板技术暂不用说，就连在目前的技术水平下通过一定时间的投入和研发就能开发出来的应用技术也较为缺乏。

以企业的档案管理为例。当前市面上成熟的档案管理系统能够解决的只是档案资料的相关数据传到系统之后如何分析、处理和存储的问题，但企业的档案管理人员真正的痛点和诉求点往往在于如何将纸质档案与数字化系统对接的问题。显然，这一问题需要通过识别技术、物联网技术及开发新的硬件技术产品来解决。

在未来广阔的产业互联网领域（包括工业互联网、农业互联网、服务业互联网等），真正的难题在于有效数据的获取，只有做好"万物互联"，才能真正实现"智能"或"智慧"（这一问题将在后文中阐述），也才能真正实现全方位的企业数字化转型。

因此，要把企业的数字化转型真正做好，基本前提是实现"万物互联"，当然，这里的"物"是企业中的所有资源的代称，也包括"人"在内。我们必须不断地进行硬件、软件、算法等技术的创新。

五、一锤定音、原地徘徊

当前，很多企业都希望自己的数字化转型一次成功，但数字化转型并不是一次就能完成的。不论是数字产业化领域中的企业还是产业数字化领域涉及的企业，给某家企业贴上"数字化转型成功企业"的标签是很难的。

企业做什么样的数字化转型才能算作成功？实际上，成功永远是在路上，因为企业的问题会不断涌现、层出不穷，企业的数字化转型也要不断推进，不断地解决企业面临的新问题。数字化转型是一个动态过程，不可能一锤定音。

比如，某企业搭建了智慧大脑或者数据中台，某产业园区运营商围绕互联网公司进行了招商引资，某银行营业网点进行了无人化设备的改造，某制造企业流水线进行了机器换人等，这些做法算不算成功实现了数字化转型？都需要进一步讨论。

数字化转型是一个不断迭代的动态过程，而不是一个静态的结果。可以说，企业的发展历程本身就是企业中文化、战略、组织、人力、运营、财务、流程、制度等各个层面、各个方面根据实际情况不断进行调整和变化的动态过程，数字化转型也不例外。

比如，即便当前企业上了一套世界上最"先进"的数字化系统，过两年可能又落后了，还需要再上新的系统，仍然要面临更新迭代。而且，即便这个系统是当前世界上最"先进"的，也不见得其所配置的硬件和软件就能解决所有企业所要解决的所有问题——还需要不断地去开发，所以"先进"是需要加引号的，适合企业的才称得上是先进的。

2.3　企业数字化转型的核心逻辑

通过上述分析可以看出，要想做好企业数字化转型工作，避免陷入转型的"泥潭"，绝不能忽视这些普遍存在的问题。为了更好地应对企业数字化转型中普遍存在的问题，我们必须从全面、系统的角度分析和思考，以转型的目标及企业存在的问题和痛点作为方向引领，在转型中实施差异化和创新的举措，不断地、持续地、动态地推动转型工作。

企业数字化转型的核心原则示意如图 2-4 所示。

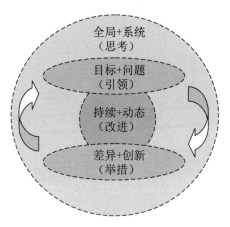

图 2-4　企业数字化转型的核心原则示意

企业能否基业长青，核心在于其看待问题是否全面。如果看问题只停留在局部，一定会面临很多挑战。此外，企业一定要动态地看待和处理管理问题，不能停止在某一个时点上，而要跟上时代步伐不断地调整，才能长远发展。

当前，数字化转型的重要性与紧迫性要求企业探索和实践自己的数字化转型之路，但由于不同企业需要考虑的问题和目标不同，因此数字化转型不能用一个统一的标准去衡量。比如，有的企业要解决人的问题，有的企业要解决钱的问题，有的企业要解决生产效率的问题，有的企业要拓展业务，有的企业要做平台，有的企业做数字化是为了博眼球、赚噱头，有的企业是要树标杆，等等。问题和目标不同，决定了数字化转型的做法和需要运用的数字技术不同。比如，有的企业的数据需要上公有云，有的企业的数据需要上私有云；有的企业需要用 AI 技术对数据进行分析和计算，有的企业只需要存储一些数据；有的企业需要用区块链技术实现数据的安全保障，有的企业则需要用区块链技术进行物资仓单的全流程跟踪……

企业数字化转型要根据企业的不同经营管理特点、面临的不同经营环境、要解决的不同问题和痛点以及未来要达到的不同目标等来综合决定如何进行数字化转型。

例如，在新冠肺炎疫情期间，一些企业引入了 AI 智能算法对居家办公员工进行监控，效果却并不理想，就是因为企业管理目标模糊。如果一种技术手段的引入不仅不能帮助提升企业的经济效益和社会效益，反而会影响员工的工作效率，那么它显然没有存在的必要。

再比如，一家服装定制型生产企业由于引进了数字化系统，用户可以在手机 App 上自行选择服装款式、尺寸、颜色等并下单。用户下单以后，手机终端能及时地把订单信息传递到从原材料采购到服装制板、剪裁、缝制、包装、发货等价值链的各个环节。这些传统生产过程中的环节将在个性化定制数据的驱动下联动起来，不仅有助于提升消费者的购物体验价值，而且有助于企业对生产组织流程进行梳理和优化。然而，并不是说所有的服装企业都应该进行这样的数字化转型和改造，也不能通过一个企业的例子就说这种做法是合理的。这里描述的过程更多的是涉及企业运作（业务）层面的数字化转型，而并没有从战略的高度探讨其适用性、合理性和可行性。

因此，除了必须从全面、系统的角度分析和思考企业数字化转型外，还要以转型的目标及企业存在的问题和痛点作为方向引领，在转型工作中有针对性地实现企业的差异化，并在企业的管理逻辑和数字技术两个方面不断提出企业数字化转型的创新举措。

总之，我们可以将企业做好数字化转型的核心原则概括为如下四点：

（1）全局＋系统（思考原则）；

（2）目标＋问题（引领原则）；

（3）差异＋创新（举措原则）；

（4）持续＋动态（改进原则）。

近年来，为了更好地助力我国企业从全方位、系统性、立体化的角度做好数字化转型，我们相继提出了"三维驱动 - 五位赋能（3D5E）"的企业数字化转型参考模型、企业数字化转型的全域驱动力理论 [其中包括企业数字化转型的全域成熟度评价（EDGME）体系和企业数字化转型的全域驱动力（EDGD）模型]，用来全面、系统地指导企业的数字化转型实践。相关内容将在本书后续章节阐述。

第 2 篇

如何做好企业
数字化转型

第3章

搭建企业数字化转型的系统框架

3.1 如何全面把握企业数字化转型

企业数字化转型的本质

由于数字经济的本质是"创造价值"，因此企业数字化转型的本质是如何创造"价值"。

我们在评判与衡量企业数字化转型的方向和途径是否正确时，关键是看其能否从"创造价值"这一本质出发。由于不同企业的文化视野和格局不同，所处的内、外部环境不同，目标不同，决定了其对"价值"的认识也不同。

企业对"价值"的不同认识，必将体现在企业的一系列经营管理活动上。我们要想知道企业的经营管理活动能否通过数字化转型更好地创造价值，首先需要全面了解企业的经营管理活动，以及各活动之间的关系。

企业经营管理活动的划分

众所周知，企业的经营管理活动大致可以分为三个方面，即企业的业务活动、管理活动及社会活动，如图 3-1 所示。

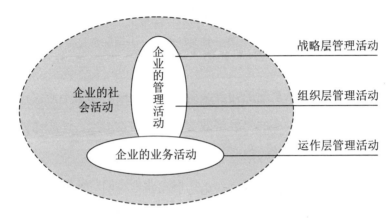

图 3-1　企业的经营管理活动划分示意

从层次来讲，企业的经营管理活动主要包括三个层面的活动，即战略层活动、组织层（资源层）活动和运作层活动，如表 3-1 所示。运作层的活动与企业的业务活动是统一的。

表 3-1　企业经营管理活动示例

企业经营管理活动	活动的层次划分
环境分析（宏观政策、经济环境、社会因素、技术变革、行业环境、市场竞争等）、战略定位、目标拟定、文化培育、责任担当、国际化经营……	战略层 围绕企业的方向

企业经营管理活动	活动的层次划分
组织架构、公司治理、领导力、人力资源管理、公司管控、流程制度设计、供应商管理、客户关系管理、信息化管理、合同签订、技术创新……	组织层 围绕企业的资源
财务、金融、会计、研发、采购、生产、质量管理、营销、售后、库存、运输、配送、信息处理……	运作层 围绕企业的业务

因此，如果从全面的角度来看，企业价值的创造不应仅仅体现在供需双方所关心的"经济效益"价值的创造上，还应该体现在"社会效益"价值的创造上。

作为社会的基本经济单元，任何企业创造的价值都可以归结到三个领域和途径上，即通过企业的业务活动创造的价值（如产品/服务的供给、新技术的研发、新产品的开发、利润的创造、税收的贡献等）、通过企业的管理活动创造的价值（如解决就业问题、员工得到的满足感和成就感、资源的合理利用与节约、节能减排目标的实现等）以及通过企业的社会活动创造的价值（如捐赠、助学、参与救援、紧急资源的提供等）。显然，这三类活动创造的价值既有可能体现在经济效益的价值上，也有可能体现在社会效益的价值上，如图 3-2 所示。

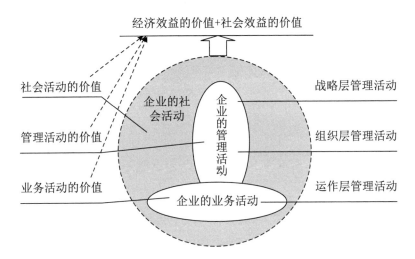

图 3-2　企业活动与价值创造的关系示意

企业数字化转型的"直接目的"

从企业管理全局的角度来看，对任何企业而言，上述战略层、组织层、运作层三个层面中任何一个层面的管理活动没做好，都有可能使企业陷入困境甚至倒闭。

例如，因为对技术变革把握不准而陷入困境的柯达、摩托罗拉，因为公司治理没有做好而陷入困境的万科、国美，因为产品质量没有把控好而陷入困境的三鹿、强生。还有的企业单纯依靠网红、明星等眼球经济奠定自己的经营模式，但在基础研发和创新上投入不足，最终导致企业出现问题，这样的例子也不胜枚举。

例如，2017 年，在创业圈最火的词应该就是"共享经济"。据统计，2016 年中国的共享经济市场规模接近 4 万亿元，项目从单车、充电宝、手机，到睡眠舱、汽车、雨伞、服装、马扎等，可谓五花八门、层出不穷。在历经一年多爆发式增长后，"共享们"猛然刹车，沦为死亡重灾区，共有 19 家投身共享经济的企业宣告倒闭或终止服务，其中包括 7 家共享单车企业、2 家共享汽车企业、7 家共享充电宝企业、1 家共享租衣企业、1 家共享雨伞企业和 1 家共享睡眠舱企业。"共享经济"之潮衰退的原因既有战略层面的环境影响、方向和模式不清晰，又有组织层面的资源协调难和运作层面调配效率低等多种问题。

因此，要想保持企业的良好发展，实现"基业长青"，关键是要把企业各个层面、各个方面的经营管理活动都做好。也就是说，需要把企业的管理活动、业务活动和社会活动都做好，进而更好地创造价值。

我们再来思考企业为什么要做数字化转型。通过上述分析可以看出，对任何企业而言，数字化转型的直接目的可以简单地归纳为如下两个方面：一是通过数字化转型赋能和提升企业的管理水平（包括对社会活动的管理）；二是通过数字化转型赋能和提升企业的业务水平。

这两方面的水平提升后才能将企业在战略层、组织层及运作层的各种管理活动、业务活动和社会活动做好，进而在经济效益和社会效益方面更好地创造价值，同时也避免陷入企业数字化转型泥潭。

这不仅是任何一位企业管理人员梦寐以求的事情，也是企业做数字化转型的"直接目的"。

然而，怎样才能把企业各个层面、各个方面的经营管理活动都做好？其中的难点又是什么？我们必须有一个非常清晰的思路，否则企业的数字化转型是没有办法落地和推进的。

这时，我们首先需要搞清楚如何全面理解企业的经营管理活动、企业经营管理活动的系统框架是什么，才能搭建出企业数字化转型的系统框架。

全面理解企业的经营管理活动

要想全面理解企业的经营管理活动，需要从一般意义上的"管理"说起，同时需要深刻理解如何才能做好"管理"。

（1）如何做好"管理"

我们知道，管理并不只是用在企业的经营管理过程中，管理也不只是用来管人和组织的。比如，工具需要管理，图书需要管理，仓库需要管理，现金需要管理，等等。未来，随着社会经济和技术的发展，很多无人化和智能化设备、机器人会替代人工，这些都需要管理。

实际上，管理的适用场合是社会上的任何活动，而活动是由各种资源支撑起来的。因此，管理的对象是资源。本质上，只要资源一动，便会产生活动。资源一般包括有形资源和无形资源，如人、财、物等属于有形资源，而语言、知识、技术、品牌、声誉、数据等则属于无形资源。

我们之所以需要对活动进行管理，是因为活动的开展是需要耗费资源的。因此，我们总是希望每个活动都能够开展得非常好，与我们的预期一致或者超出预期。活动开展得好与不好，有两个基本的衡量指标，即"效果"和"效率"，如图 3-3 所示。一个开展得好的活动，是既有效果又有效率的。

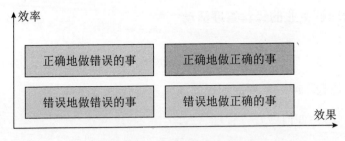

图 3-3　管理的基本问题

要想让活动有效果，我们必须做"正确的事"（"事"就是活动）；要想让活动有效率，我们必须"正确地做"。因此，只有"正确地做正确的事"，才能使活动不仅有效果，而且有效率。

可以说，效果与效率的关系是管理中首先要探讨的一个基本问题。我们做管理的目的就是 "正确地做正确的事"。

企业的数字化转型也必须有 "效果" 和 "效率"，也必须 "正确地做正确的事"，否则必然会陷入迷茫。

既然 "管理的目的" 是 "正确地做正确的事"，我们接下来需要明确的是如何做好 "管理"。为了阐明这一问题，这里以某公司举办一次员工团建晚宴的活动为例进行阐述。

年终某公司准备在周六晚上举办员工团建晚宴。基于以往的经验，要想让晚宴举办成功，公司首先拟订了举办晚宴的计划。计划的目标就是要通过晚宴让所有员工借此机会交流畅想、放飞自我，感受公司的文化氛围。同时，在计划中拟订了晚宴的时间、地点及活动的具体流程等内容。

计划做完之后，需要为活动准备必要的人、财、物等各种资源，如通知员工、邀请嘉宾、租赁活动场地、准备活动所需的各种物品、安排活动的主持人等。在准备人、财、物等各种资源的同时，公司还考虑了各种资源之间的匹配关系。例如，计划邀请40多人参加晚宴，因此没有必要预定太大的场地，能够摆5桌，每桌容纳10个人左右即可，准备的物品也不宜过多，否则会造成不必要的浪费。

随着准备工作的推进，到了周六晚上7点，晚宴需要的场地、物资等全部准备完毕，参与人员也都到齐了。这时，需要一位晚宴活动的主持人全程引导和带领大家开展活动。

在晚宴的推进过程中，考虑到可能有意外情况发生（如员工饮酒过量等），还需要采取必要的控制手段，如提前约定每桌摆放酒品的种类和数量，提前约定好活动结束的时间等。

通过上例可以看出，我们在管理任何活动时都需要考虑如下四个基本方面。

第一，在开展任何活动之前，首先需要制订计划。制订计划要做好两件事：一是明确未来要"干什么"，即明确活动的目标；二是明确未来要"怎么干"，即通过什么途径实现目标。概括起来就是我们常说的"干什么"和"怎么干"。

第二，制订计划之后，接下来就要考虑如何实施计划。由于任何活动都是由资源支撑起来的，因此实施计划的第一步必然是获取各种各样的资源。同时，还需要理顺各种资源之间的关系，否则资源的配置和利用就会缺乏协调，有可能导致其利用效率降低和效果不理想。在获取资源的同时理顺它们之间的关系就是"组织"的过程。

第三，获取了开展活动所需的各种资源之后，需要考虑的问题就是如何让这些资源动起来，进而形成活动，而且要让资源动得合理、高效。这时就需要引入"领导"职能。"领导"的本质是带领各种资源"动"起来，但在带领之前，必须先协调好资源之间的关系，这样带领过程才更有效。否则，关系不协调的资源有可能并不会跟随带领的指令去行动，从而造成活动效率降低和效果不理想。

第四，有了计划、组织、领导等职能，并不能保证活动开展得非常顺利，因为在领导过程的驱动下，资源运动起来形成了活动，但并不能保证所有的资源"不乱动"。这时，就需要在资源的运动过程中加上"控制"职能。做好控制工作一般需要做好三件事：首先，拟定控制的标准，即必须明确在活动中，各个资源如何"动"是合理的；其次，找出与拟定的标准有偏差的资源，同时分析偏差了多少；最后，纠正偏差，使资源"动"得合理、合规，进而提高活动的效果和效率。

上述针对任何活动的计划、组织、领导和控制等四个基本操作，就是做好管理的基本内容，被称为管理的"四大职能"。

需要强调的是，因为任何活动都是由资源支撑起来的，因此四个基本职能的作用点最终都会落到资源上。

管理的核心在于通过对资源的合理配置与利用来开展活动，从而让活动既有效果又有效率，实现"正确地做正确的事"。

在上述四个职能中，"正确的事"是由计划确定的，这是因为对于任何组织和个人而言，与目标一致的事情就是正确的事，而目标是由计划制订出来的；"正确地做"则需要通过组织、领导、控制来实现，如图 3-4 所示。

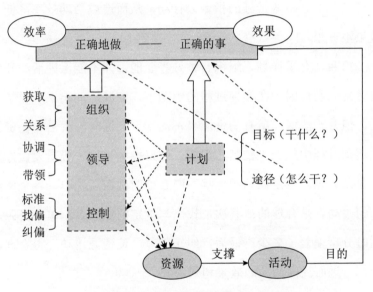

图 3-4 四大职能与"正确地做正确的事"之间的关系

（2）理解"企业战略管理"

探讨完"管理"的基本逻辑之后，我们再回到企业来看一下。

企业是社会的经济单元，企业的经营管理活动也需要实现"正确地做正确的事"。前文指出，"正确的事"是由"计划"实现的，对于企业而言，企业的"计划"是由"战略管理"负责制订的。企业战略本质上探讨的就是企业未来"干什么"和"怎么干"的问题。因此，战略的本质就是计划。

企业战略管理解决了让企业做"正确的事（效果）"的问题，但企业"正确地做（效率）"又将如何实现呢？

要明确这一问题，我们需要进行如下阐述。

首先，要引出的一个关键内容是企业的"战略定位"。

企业是经济组织，对于任何性质和行业属性的企业而言，业务永远是其核心。企业的业务活动是围绕企业的产品展开的。当然，"产品"包括生产型产品和服务型产品。

无论企业的商业模式多么复杂，其本质都是靠提供产品进行交易的行为（租赁也是出售的一种形式）。因此，企业的战略定位最终可以体现在其产品和市场的定位上，如图 3-5 所示。

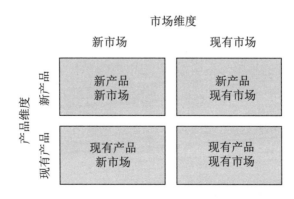

图 3-5　企业战略定位的集中体现

企业的战略定位决定了未来要提供什么产品给什么市场。未来的产品类型只有两种，一种是现有产品，另一种是新产品；市场也有两类，一类是现有市场，另一类是新市场。

这时，企业的"正确的事"必然会体现在未来要"提供什么产品给什么市场"的问题上，而"正确地做"则将体现在如何把这个产品提供出来，并在市场上销售的问题上。

这一目的如何实现呢？显然，按照前述四大职能的关系，企业必然需要通过对内、外部各种资源进行组织、领导和控制才能实现这一目的。由此，我们引出了企业的"供应链管理"进行阐述。

（3）理解企业的"供应链管理"

众所周知，任何企业提供任何产品给对应的市场，都不可能独立完成（不论该企业的实力有多强、规模有多大），必然要由包括上、下游及横向合作的若干行业内、外部企业共同完成，这就构成了企业的供应链网络，如图 3-6 所示。

供应链的思想产生于 20 世纪末期，尽管国内外关于供应链的认识有很多版本，但都指出供应链是一个"网络"。

如图 3-6 所示，企业及其上、下游以及横向合作的其他企业（或经营单位或其他组织）形成的网络系统就是供应链。

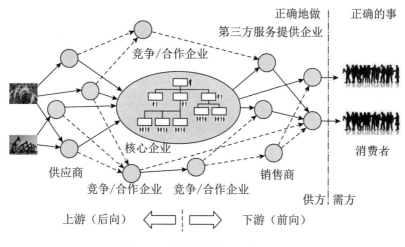

图 3-6　企业的供应链网络示意

显然，企业对内、外部资源进行组织、领导和控制的过程也就是对企业的内、外部供应链网络进行搭建、管控和运作的过程。从这个角度讲，没有供应链网络，企业就不可能将产品提供到对应的市场上，也就无法实现"正确地做"。

企业战略管理和供应链管理在实现企业"正确地做正确的事"的过程中各占一半，缺一不可。战略管理负责的是让企业做"正确的事"，供应链管理负责的是让企业"正确地做"。

理解了供应链之后，我们需要知道如何才能做好供应链管理，进而实现"正确地做"。

首先，是"什么对象"在供应链网络中流动，最终实现了产品的产出和在市场上的交易？

很明显，在供应链网络（包括企业内、外部的两个供应链网络）中流动的是我们常说的四大流，即物资流、资金流、信息流和商流。其中，对于以人员为主要业务资源的企业（如提供劳务服务的公司）而言，人员流也可以纳入物资流之中。

四大流中的流动对象主要包括物资、人员、资金和信息（包括数据）等。在四大流中，商流是商品所有权转移形成的流。比如，某消费者在网上购物，在线支付以后，供需双方交易的合约就已经形成了。此时，其所购买商品的所有权（商流）已经转到消费者处，但所购买的商品并没有马上到达消费者手中，还在物资流通道中运送。可以看出，商流往往伴随资金流和信息流而流动。

在企业的供应链网络中，这四大流往往不是一直结合在一起的，什么时候应该结合在一起，什么时候又应该分开是需要认真研究的问题。

上述"四大流"现在也被统称为"物流"。因此，当前对物流的理解已经远远不是以前人们所认识的仅局限于物资流单一对象，而是包括四大流在内的综合体系。而物流管理也由对物资的单一管理活动转变为对四大流的综合管理活动。

（4）供应链管理的系统架构

上面解释了供应链管理在实现企业"正确地做"方面的重要

作用，也指出了供应链网络中运行的四大流。然而，还有一个重要的问题是如何理解企业供应链管理的系统架构。

很多关于供应链管理的书籍的章节安排是围绕供应链管理的局部内容展开的，如供应链的构建与优化、生产计划、库存控制、采购管理、客户订单处理、供应商管理等。这种缺乏系统性的碎片化编排方式很容易造成供应链管理系统性和整体性的缺失，也容易让读者对供应链管理、物流管理及运营管理等内容的区别分辨不清。

更为严重的是，在碎片化的局部知识指导下，我们进行企业实践时往往无从下手。举例来说，当我们要给某个企业做供应链管理的数字化转型时，是先从库存管理的数字化入手、从采购管理的数字化入手，还是从订单处理的数字化入手？是先做数字化的供应链设计还是供应商的数字化管理？

因此，不论在传统环境下还是在数字经济环境下，要想做好企业的供应链管理，必须有一个系统的整体架构来梳理供应链管理中的相关内容。

为了解决这一问题，更好地指导企业的供应链管理实践，助力企业数字化转型工作的推进，本书作者在《战略供应链管理》[①]一书中首次提出了供应链管理的系统架构，即"建网、管网、用网"

---

① 姚建明. 战略供应链管理 [M]. 北京：中国人民大学出版社，2014.

三个层面，并明确指出了物流管理（包括对四大流的管理）是供应链管理第三层面——用网层面探讨的范畴，如图3-7所示。

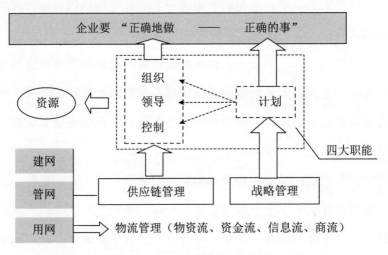

图3-7 供应链管理、物流管理、战略管理关系示意

这是因为，简单来看，供应链就是一张"网"，是从产品或服务的起点到消费终点之间由各节点企业所组成的网络系统（参见图3-6）。物流则是在供应链这张网中运行的四大流——物资流、资金流、信息流及商流。二者在管理内容上有明显的区别。

因此，企业供应链管理主要考虑的是如何管理好"网"的问题。首先，要考虑这张"网"如何设计与构建，"网"建好后，还要考虑如何把这张"网"管理和控制好。这两个步骤做好了，才可以考虑如何用好这张"网"，即四大流如何在"网"中流动，进而实现企业的战略定位，这就是物流管理探讨的范畴。

"建网"是企业对内、外部供应链网络的设计与构建。例如，如何有针对性地为企业设计、构建适宜的供应链网络以及如何对现有的供应链网络进行诊断和改进等。比如，从企业外部来讲，针对某业务本来应该选择成本低、质量适中的供应商，结果现实操作中却选择了成本较高、质量好的供应商；再比如，企业针对某产品本来应该选择与线上经销商合作，结果却投资建了实体店；从企业内部来讲，本来应该构建等级架构的组织，结果搭建了阿米巴组织架构，导致企业经营业绩下滑；本来应该招聘博士生到企业的战略部门工作，结果却因为关系原因招聘了一名本科生。这些都说明企业在构建供应链网络时存在问题，需要诊断并加以改进。

"管网"是企业对内、外部供应链网络的管理与控制。例如，从企业外部来讲，如何协调和处理好供应链成员之间的关系，如何做好供应链的资源整合，如何协调成员之间的不确定性，如何控制协作成员的行为，如何对协作成员进行绩效考核，如何对成员进行激励等；从企业内部来讲，如何做好公司治理，如何协调和处理部门、岗位、团队之间的关系，如何进行企业内控，如何进行员工的绩效考核与激励，如何设计流程与制度等。

"用网"是企业对内、外部供应链网络的运作，探讨的是物资流、信息流、资金流和商流如何更好地在供应链网络中运行的问题，主要涉及企业日常的生产经营管理活动，如研发、设计、采购、库存、生产、运输、配送、销售、售后、信息处理、投融资、财务结算、财务管理等，而这些实际上属于物流管理探讨的内容。

如果我们将上述"建网、管网、用网"三个层面的内容与表 3-1 中的内容进行对比就会发现，"建网和管网"的内容实际上是组织层面探讨的问题，而"用网"的内容实际上是运作层面探讨的问题，也就是企业的业务活动。

因此，企业将"建网、管网、用网"三个层面中的各项活动做好，实际上相当于把组织层面和运作层面的经营管理活动做好了，也就相当于把"组织、领导和控制"工作做好了。要实现这一目的，显然需要把除了战略管理之外的其他管理都做好。

图 3-7 展示了企业供应链管理、物流管理与战略管理以及管理四大职能之间的对应关系。

（5）理解企业的运营

上文解释了供应链管理在实现企业"正确地做"方面的重要作用，也指出了供应链管理的系统架构以及供应链管理、物流管理与战略管理之间的关系。

如果从运营的角度来看，我们也可以得出这样的结论：企业能否做"正确的事"靠战略；而企业能否"正确地做"则要靠运营。这是因为，运营是把输入转换为输出的过程。运营的实现需要两个基本要素：一个是运营系统，即将输入转换为输出的主体；另一个是运营过程，即输入在运营系统中转换为输出的过程，如图 3-8 所示。

图 3-8　运营系统与运营过程

　　企业的运营管理是对企业的运营系统和运营过程的管理。从大的范畴来看，运营系统既包括企业外部的运营系统又包括企业内部的运营系统，运营过程也是一样。通过对比图 3-6 和图 3-8 可以发现，对企业而言，运营系统就是企业的供应链网络，而运营过程描述的就是物流（包括四大流）如何在供应链网络中流动的过程，因此我们可以得出如下两个重要的对照关系。

　　第一个关系：企业的内部和外部运营系统等同于企业内部和外部的供应链网络，又等同于企业内部和外部的组织架构。

　　第二个关系：企业内部和外部的运营过程，等同于企业内部和外部的物流（包括物资流、资金流、信息流和商流），也等同于企业内部和外部的流程。

企业的运营管理包括对运营系统的管理（等同于供应链管理）和对运营过程的管理（等同于物流管理）。

对运营系统的管理，首先是运营系统如何设计、构建的问题（相当于供应链管理中的"建网"），对企业而言就是应该建立什么样的内外部运营系统（内外部供应链网络/组织架构）。其次，是运营系统如何管控的问题（相当于供应链管理中的"管网"），对企业而言就是运营系统（内外部供应链网络/组织架构）建好后，如何对其进行管理（如关系协调、绩效考评、激励与奖惩）和控制等一系列问题。

对运营过程的管理主要考虑的是物资流、资金流、信息流及商流等在运营系统（内外部供应链网络/组织架构）中如何流动（相当于供应链管理中的"用网"，也相当于"物流管理"）。生产企业对其运营过程的管理必然涉及物资流中的采购、加工、装配、库存、发货等活动的管理，也要涉及资金流中的贷款、支付、收款、投融资、财会等活动的管理，还要涉及信息流中的信息（数据）获取、传输、储存、处理、计算等一系列信息管理方面的活动。服务企业四大流中的活动与生产企业有一定的差异，但整体逻辑不变。

理解了上述有关企业如何"正确地做正确的事"这一企业管理整体逻辑框架后，我们再来探讨企业数字化转型的系统框架。

3.2 企业数字化转型的系统框架

企业数字化转型中的决策逻辑

众所周知，企业经营管理活动能否创造 "价值"，关键在于能否将企业经营管理活动有关的"决策"做好。"决策"就是在若干个方案中选出合适的方案。比如，在企业人力资源管理的人员招聘过程中，有 A、B、C 三个应聘者，最终选择哪一个就是决策的过程。

在如表 3-1 所示的企业三个不同层面的不同管理活动中，需要进行的管理决策是不同的。例如，战略层面的战略管理想要做好，需要进行战略方案的决策，如公司层战略决策是选择发展战略、稳定战略还是紧缩战略？某个具体业务的竞争战略是选择低成本竞争还是差异化竞争？企业文化要想做好，需要进行文化的决策，如是培养员工的狼性文化还是江湖文化？组织层面的企业组织架构要想做好，需要进行组织架构方案的决策，如是选择搭建传统的科层制组织还是搭建阿米巴组织？运作层面的库存管理要想做好，需要进行库存方案的决策，如各种物资的安全库存水平应该设为多少？高一点好，还是低一点好？企业现金的储备应该是多少？高一点好，还是低一点好？

可以看出，企业任何一个层面中任何一个方面经营管理活动的好坏最终都体现在"管理决策"的好坏上。

如前所述，企业做好管理的直接目的是实现"正确地做正确的事"，因此企业做好各个层面、各个方面经营管理"决策"的目的也是"正确地做正确的事"。

"企业数字化转型"的内涵就是通过数字技术的支撑与赋能，做好企业各个层面、各个方面经营管理活动的"决策"，进而实现"正确地做正确的事"。

讲得通俗一点，就是希望把以前用"拍脑袋"做决策的过程，改为由"拍数据"做决策，进而使企业的任何一个"管理决策"过程都更加精准、合理、高效和可行。

因此，在企业数字化转型中，我们常说的"数据驱动"实际上是用"数据"来驱动企业经营管理活动的"决策"。

但实现"数据驱动"，只靠"数据技术"是不够的，还必须依靠用于数据传输的"网络技术"以及用于对数据进行分析和决策的"计算技术"（也就是我们前面概括的数字技术）共同进行支撑。

显然，做好企业的数字化转型需要围绕企业经营管理各个层面、各个方面的"决策"活动进行系统考量和体系重构。根据图3-7所阐述的逻辑，概括地讲，这些管理决策活动将集中体现在企业战略管理的决策以及供应链管理中建网、管网和用网（物流管理）等的一系列决策过程中。

因此，在数字经济环境（由数字技术支撑和赋能的环境）下，如何全面、系统地做好这些"决策"是决定企业数字化转型方向是否正确以及转型能否带来效果和效率的关键。

战略决策的前提——文化决策

然而，这里还有一个重要的问题需要探讨，否则企业的数字化转型工作将是不全面的。

如图 3-7 所示，企业要"正确地做正确的事"，需要把"战略管理"和"供应链管理"做好。做好"战略管理"是做好"供应链管理"的前提，但做好"战略管理"的前提又是什么？

如前所述，做好战略管理的目的是"让企业做正确的事"，确保企业朝着正确的方向发展。**因此，企业在做战略之前必须先明确一个基本问题：到底什么是正确的事？衡量和评价"正确的事"的依据和标准到底是什么？** 在不能明确什么是"正确的事"的前提下贸然地做战略，可能会导致企业面临一些新的问题，使经营陷入混乱。

那么，什么是正确的事？正确的事是由企业之外的第三方用客观经济指标（如市场占有率、收入、利润等）衡量出来的还是企业自己决定的？先来看几个例子。

例如，联想集团 2004 年 12 月以总计 12.5 亿美元收购 IBM 全球的台式机、笔记本电脑及其研发、采购业务，IBM 公司将拥有 18.5% 左右的股份。联想集团在 5 年内有权根据有关协议使用 IBM 的品牌，并完全获得商标及相关技术。随后，联想借助渠道优势发展成为全球 PC 市场的老大。2014 年联想在全球 PC 市场的占有率高达 21%。PC 业务成为联想在市场中亮丽的风景。

10 年后的 2014 年 1 月，联想以 29 亿美元的价格从谷歌手中收购了摩托罗拉移动业务。摩托罗拉移动在全球的品牌和商标组合，以及 MotoX 和 MotoG 等智能手机产品组合、3 500 名员工、2 000 项专利资产、摩托罗拉移动和全球 50 多家运营商的合作关系将归入联想。但谷歌将继续持有摩托罗拉移动的大部分专利组合，包括现有专利申请及发明。但收购后，该业务发展的并不理想，联想管理层也承认低估了整合摩托罗拉移动业务的困难。

通过上例我们很容易得出结论：联想收购 IBM（PC）业务的战略是成功的，而收购摩托罗拉移动的战略是失败的。然而，当时间退回到 2014 年之前，我们能否确切地知道联想收购摩托罗拉手机业务的战略一定会失败呢？显然，答案是否定的，因为战略是企业未来的事情。

再比如，2017 年，永辉超市在福州开启第一家门店，开始采用"超级物种"这一新业务形态。彼时，新零售概念被资本市场广泛看好，作为新零售的代表业态之一，超级物种在 2017 年将永辉的市值推向巅峰。永辉超市的股价不断上涨，2018 年市值比 2017 年翻了 2.5 倍，成为当年的现象级股票之一。为促进超级物种业态的发展，永辉超市也投入了大量的资源。而 2017—2021 年短短 4 年间，随着新零售光环的褪去，超级物种的业绩却逐渐下滑，开始不断收缩关店。

可以看出，2017 年，超级物种业态作为新零售的标杆业态，曾经被寄予厚望，当时永辉未能预见该业态将会失败。

一般来讲，当我们衡量企业的战略正确与否时，有这样一个结论："当企业没有失败的时候，我们永远不能确定其战略是成功的；但当企业失败的时候，我们可以说其战略是失败的。"这句看似简单的话，却蕴含着一个极其深奥的哲理。

这是因为，企业永远处于动态发展的过程中，战略的正确与否用客观经济指标往往是没有办法衡量的。

比如，对京东商城而言，90%的中高端消费者在京东购物，京东能带给消费者的价值是品质保证、送货快及价格便宜，这是众所周知的。京东的战略与当当、阿里等传统电商企业集中于做轻资产的互联网模式不同，它选择了自建物流的重资产模式。

中国社会化物流总费用在 GDP 中所占的比重约为 17%，几乎是欧美、日本等发达国家的 2～3 倍。京东构建遍布全国的物流基础设施，提升了用户购物体验的同时降低了物流成本，使物流效率提高了 2 倍以上。但自建物流也带来了运行的高成本，在京东的十多万名员工中，如果把仓储和客服算上，员工 70% 来自物流业务，快递就占了 50%。2015 年，京东有将近 8 亿元的亏损。

从京东的例子可以看出，如果单纯用利润等经济指标来衡量京东的经营业绩，显然其自建物流的战略值得商榷，但从长远发展的角度讲，京东自建物流体系解决的不只是简单的商品配送效率问题，而是京东一体化供应链服务体系建立的基础，也是实现京东多板块（如电商、物流、健康、工业品、金融等）生态商业模式运行的基础性和平台性支撑。有了这一支撑，可以方便地打造关联的生态业务并将其发展起来。

因此，我们可以得出结论：所谓"正确的事"，是由企业自己决定的，而不是由企业之外的第三方通过主、客观经济指标或其他指标衡量出来的。换句简单的话讲，"企业自认为正确的事就是正确的事"。

然而，尽管"正确的事"是由企业自己决定的，但并不是企业想做任何事都可以，如果这样，社会就混乱了。

比如，某乳品企业认为"在奶源中加入三聚氰胺会降低成本"是正确的事，但如果这样做了，必然会损害社会的利益；某企业在没有取得知识产权许可的情况下山寨其他企业的产品或技术，也必然会损害他人的正当利益；某互联网企业在没有取得用户许可的前提下，滥用客户数据牟利，直接损害了客户利益。**因此，企业做其自认为正确的事，必须是有前提的，即不能损害社会的利益，也就是企业自认为正确的事必须得到社会的认可。**

为了解决这一问题，我们在进行战略决策之前，必须探讨一个重要的问题——"企业文化"，它是企业的灵魂。

换句话说，具有不同文化支撑的企业，其经营企业的使命、愿景和价值观都不同，看待事物的标准不同，做出的事情也不一样。就像一个拥有高尚道德文化底蕴的人和一个被邪恶文化理念驱使的人，做出的事情肯定是有差异的。一般情况下，前者比后者做出违背社会基本道德规范的事情的概率要小得多。

因此，要想让企业自认为正确的事得到社会的认可，前提是

企业必须先构建和培育符合社会基本道德准则的企业文化，并将其作为每一次战略制定与行动的基本指南和基础。

可以说，做好"战略决策"的前提是先做好"文化决策"。

企业文化是企业的灵魂，是推动企业发展的不竭动力。它包含非常丰富的内容，其核心是企业的精神和价值理念。在企业价值理念的形成和塑造过程中，企业的使命、愿景及价值观的塑造起着重要的作用。

企业文化对整个企业的行为具有核心指导作用，是企业行动的指南，也是企业经营管理活动中需要考虑的最高层面的东西。

企业文化对企业有着非常重要的、难以替代的作用。其作用可以概括为两个方面（两类作用）：一类是企业文化对企业战略的核心指导作用；另一类是企业文化的若干其他作用，主要目的是引导和制约全体员工的行为，将企业的使命、愿景和价值观等核心理念贯彻与传承下去，形成企业整体发展的精神支柱和合力（如某些企业崇尚的狼性文化、江湖文化、武林文化、同学文化等）。该作用中往往包括读者熟知的提升企业凝聚力、树立企业品牌形象、应对各种危机、抵御道德风险等方面的作用。

现实中，较多企业关注了企业文化的第二类作用，但对第一类作用的认识、理解和运用还有待进一步提升，而恰恰第一类作

用是企业文化最核心的作用，也是引导企业做好战略管理及其决策活动的关键。

针对企业文化的第一类作用，如果企业的文化是以进取、积极、创新、公平和尊重等符合社会公认的道德准则作为基础的，在某种程度上就可以保证制定战略时不会损害社会上其他人的利益，这就是企业文化对战略的核心指导作用的体现。

企业文化的两类作用对企业的指导最终会通过不同的路径与方式贯穿和体现在企业的管理过程中，如图 3-9 所示。

企业文化的第一类作用是通过指导企业的战略，再通过战略目标和途径的进一步分解，贯彻到企业组织中各层次岗位上的；企业文化的第二类作用则是直接将企业的核心理念和价值观贯彻到组织中各层次岗位上的。这两类作用最终都将在不同的岗位上形成对应的"管理机制"。

需要注意的是，这里的"管理机制"可能是全面、系统的规范化的规章制度，也可能是一些不成文的隐性机制，在潜移默化中会对员工形成一定的影响和制约，还有可能是规章制度和隐性机制的融合。

以某企业采购部门中的某采购岗位为例，企业文化的第一类作用通过企业战略的分解落实到了该岗位上，明确要求该岗位员工在日常工作中历行成本节约；而企业文化的第二类作用到了该岗位上则明确指出采购时要杜绝"贪腐"行为的发生。

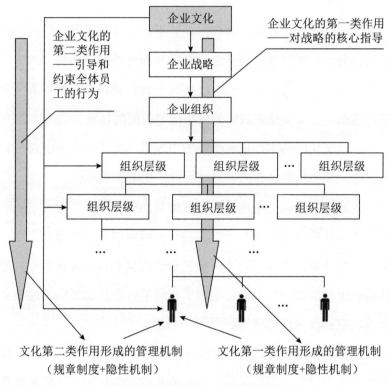

图 3-9　企业文化的两类作用示意

企业数字化转型的系统框架

如前所述，企业文化不论是在对企业战略的核心指导、引导和制约全体员工的行为等方面，还是在弘扬企业的核心价值观、贯彻和传承企业的核心理念等方面都必须得到企业的高度重视。

企业文化在引导企业做"正确的事"方面具有重要的核心指导作用，企业能否让自认为"正确的事"得到社会的认可，进而更好地创造"社会价值"，也主要是由企业的文化决定的。

现实中，尽管很多企业在技术手段支撑、新型商业模式开拓、精准运营和营销、现代数字化设备的运用等方面都走在了时代的前列（如某些以互联网技术为业务支撑的企业），但其企业文化的作用并没有很好地发挥出来，导致企业在战略决策方面出现了很多失误，比如做了一些不考虑"社会价值"的事情（如垄断、消费者信息的侵犯、数据的泄露、社会资源的破坏和浪费等）。因此，对任何企业而言，如何通过合理的文化决策做好文化的建设与繁荣对于企业的长远发展具有重要的意义，这也是企业数字化转型中必须关注的重点问题。可以说，企业做好"战略决策"的前提是先做好"文化决策"。

图 3-10 给出了引入企业文化决策之后的企业数字化转型系统框架。在此框架的基础上，我们才能全面地探讨如何做好企业数字化转型。

如图 3-10 所示，企业数字化转型就是要用数字技术支撑和赋能企业全方位的经营管理活动（图中虚线框中内容）。企业数字化转型的最终目的是更好地实现"正确地做正确的事"（虚线框中上部所示），这就需要把供应链管理（实现正确地做）和战略管理（确定正确的事）做好。

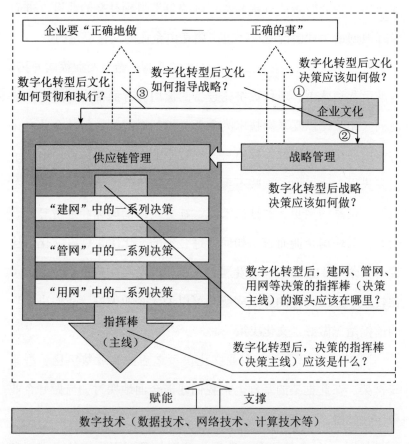

图 3-10　企业数字化转型系统框架

　　因为战略管理决定了供应链管理如何做的问题，因此做好战略管理（决策）是做好供应链管理（决策）的前提。而又因为文化对战略具有核心指导作用，因此战略管理（决策）要想做好，必须先把企业文化（决策）做好。

上述逻辑引出了做好企业数字化转型必须重点考虑的几个关键问题。

3.3　做好企业数字化转型的关键问题

根据上述分析可知，总结来看，要想全面做好企业的数字化转型，需要重点解决如下几个关键问题。

第一，在数字经济环境（数字技术的支撑与赋能环境）下，如何通过数字技术对企业文化的相关决策进行支撑和赋能。其中要考虑的主要问题是：

① 在数字经济环境下，企业的文化决策应该如何做？

② 数字化转型后，企业文化如何指导企业的战略决策？

③ 数字化转型后，企业文化如何在其他管理决策活动中得到贯彻和执行？

第二，在数字经济环境下，如何做好企业的战略决策，实现做"正确的事"。

第三，在数字经济环境下，如何做好企业的供应链（运营）

管理决策，实现"正确地做"。其中要考虑的主要问题是：

① 数字化转型后，如何做好"建网"中的一系列管理决策？

② 数字化转型后，如何做好"管网"中的一系列管理决策？

③ 数字化转型后，如何做好"用网"中的一系列管理决策？

显然，在供应链管理的建网、管网和用网的一系列决策过程中，要想让每一个方面的决策都能精准、科学、合理和高效，必须有一个统一的"指挥棒"贯穿其中，如图 3-10 所示。也可以将该"指挥棒"称为决策的"主线"和依据。

第四，对于该"指挥棒"（决策主线）而言，我们需要明确的问题是：

① 该"指挥棒"（决策主线）的逻辑起点应该在哪里？

② 该"指挥棒"（决策主线）应该由什么来担当？

第五，在数字化转型中，我们所谓的"数据驱动"到底指的是什么？"数据驱动"中的数据如何界定和获取？其运行机理是什么？其与"指挥棒"（决策主线）的关系是怎样的？

第六，企业数字化转型的目的是既提升管理水平也提升业务水平。在数字经济环境下，企业在提升业务水平方面有哪些新的价值创造模式可供拓展与创新，以更好地在经济效益和社会效益方面创造价值？

上述关键问题的内在逻辑如图 3-10 所示。

反过来看，上述问题也是在数字经济环境下，我们学习任何一门传统的管理课程（如战略管理、公司治理、组织设计、领导力、运营管理、财务管理、市场营销、人力资源管理、管理沟通、企业内控等）时必须思考的问题。只有将这些思路理顺和打通，才能在各项具体的管理活动中考虑数字化转型的具体问题，同时将局部管理与企业整体的经营管理活动进行系统关联，实现全方位的企业管理转型协同（如图 3-11 所示），避免陷入第 2 章提到的若干误区和泥潭。

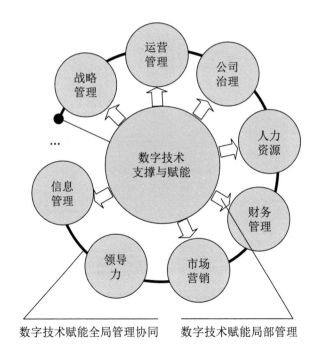

图 3-11　数字技术赋能企业全面管理示意

　　因此，只有探索出数字经济环境下企业全面经营管理活动转型的普适性思路，我们才能针对企业的目标和问题，提出切合实际的转型方案，而不只是照搬其他企业的几个局部的做法。

　　要想实现图 3-11 中数字技术赋能企业的全局管理协同，就必须探索出解决上述 6 个关键问题的基本思路，同时还要考虑这 6 个关键问题解决方案之间的内在联系，并且要在规划企业数字化转型系统的总体蓝图时将其很好地融入。

第 4 章
三维驱动 – 五位赋能（3D5E）模型

为了全面、系统地指导企业数字化转型工作的推进，解决前文提出的若干关键问题，本书作者于 2019 年构建了企业数字化转型的"三维驱动 – 五位赋能"（3D5E）模型，如图 4-1 所示。

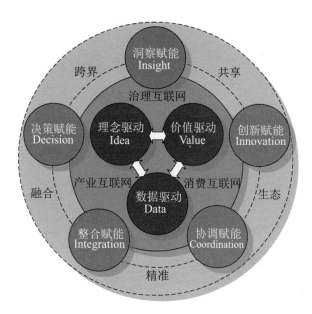

图 4-1　三维驱动 – 五位赋能（3D5E）——企业数字化转型模型 [①]

①　姚建明 . 数字化转型的理念框架，2020 数字经济大会专访 [EB/OL].2020-09-20,
http://cen.ce.cn/more/202009/27/t20200927_35827701.shtml.

"三维驱动（Three driven）‐五位赋能（Five empowerment）"
（3D5E）模型中，三维驱动是指理念驱动（Idea driven）、价值
驱动（Value driven）和数据驱动（Data driven）；五位赋能是
指在三维驱动下，实现企业的洞察赋能（Insight empowerment）、
决策赋能（Decision empowerment）、整合赋能（Integration
empowerment）、协调赋能（Coordination empowerment）和创新赋
能（Innovation empowerment）。

通过三维驱动和五位赋能的打造，企业需要在消费互联网、
产业互联网及治理互联网三个相互关联的数字化领域发力，打造
精准、跨界、融合、共享的企业生态，更好地实现经济效益价值
和社会效益价值的共创。

4.1 三维驱动（3D）

三维驱动是企业在思想观念和理念创新上适应数字化转型
的必然要求，其中包括理念驱动、价值驱动和数据驱动。三维驱
动是企业数字化转型的"灵魂"指引，也是区别于传统环境下企
业经营管理逻辑的核心要点。企业数字化转型工作能否做好、方
向是否正确，关键在于能否正确理解理念驱动、价值驱动和数据
驱动。

理念驱动

如前所述，对任何企业而言，数字化转型的目的主要有两个：一是通过数字化转型提升企业的管理水平（包括对社会活动的管理水平）；二是通过数字化转型提升企业的业务水平。同时，通过这两方面水平的提升创造更大的经济效益价值和社会效益价值。

在传统环境下，由于网络、数据和计算等技术的制约，企业获取大量、精准的客户需求数据、内外部环境数据及资源数据较为困难，供需关系往往较为简单，无论在何种商业模式和运营模式中，客户一般很难提前参与产品 / 服务的开发设计、生产和营销等过程。同时，网络和数据技术的制约也限制了不同行业之间、不同企业之间、不同部门之间、不同设备之间、不同岗位之间、不同资源之间等界限的打破，"界限墙"高耸而坚固，"跨界"的经营管理模式较难形成。资源的融合、共享和利用程度不高，企业在投资、建设及经营管理过程中的重复现象非常严重，资源的浪费现象比较普遍，协同效应（1+1>2 的效应）较难发挥，企业绿色低碳的运行更加难以实现。以信息系统的更新和改造为例，一个系统做下来动辄几百万到几千万元，而效果却并不理想。

而在数字经济环境下，一方面，数字技术（主要包括数据技术、网络技术、计算技术等）的发展使企业可以实时有效地获取需求方的消费数据和供给方的资源动态等数据，研判与预测消费行为和资源变动趋势，为精准运营提供有力的支撑，还可以有效去除供应链中的中间环节，拉近不同行业、不同企业以及企业内不同部门、岗位、设备等之间的距离，使不同活动与资源主体之间方便地形成链接关系，进而有利于实现传统环境下难以实现的精准定位（如精准供应、精准生产、精准营销、精准服务等）、跨界（如不同行业、不同企业、不同部门、不同环节、不同设备等之间的跨界）、融合 [如文化融合、模式融合、流程融合、资源融合、信息（数据）融合等]、客户参与 [客户参与产品 / 服务开发、设计、生产、销售（社群推广）过程等]，以及资源的共享、价值的共创、生态关系的搭建等，从而构建多个供需主体综合运行的供应链体系。另一方面，在数字技术支撑与赋能下，企业可以实时有效地获取其他社会主体（如党组织、政府、企业、社会组织、人民群众、媒体等）的相关数据，进而更好地创造社会价值。

例如，以盒马鲜生为代表的新零售模式拓展了传统商超零售的单一模式。消费者既可到店购物，也可要求对食材进行当场加工和堂食，还可以实现门店附近 3 公里范围内 30 分钟送货上门，支付可以现场完成也可以在 App、自助设备下单结算。显然，不论到门店线下消费还是在 App 下单的客户，必然有着不同的个性化服务需求组合（如一次购物中，部分带走、部分加工堂食、部分外送到家等），而盒马鲜生要实现不同客户的精准的个性化服务需求组合，必须依赖各种跨界供应链资源（如快递资源）。这种集线上、线下购物结算、商品零售、食材加工、餐饮服务、外送服务及其他惠民服务等于一体的跨界、融合、精准定制模式已经成为零售商超转型的一个方向。

再以海尔为例。在数字经济环境下，海尔的定制模式拓展了传统的预先设计（模块化＋个性化）的客户选择模式，使客户能够更加深入地参与产品的定制开发过程。比如，某客户为了保证小孩睡眠需要一台完全静音且具有在线健康监测服务及空气调节功能的智能空调，也非常愿意参与新型空调的开发及服务体验过程。而传统空调靠电机驱动的送风系统，不可能做到完全静音，也不可能提供在线健康监测及实时空气调节这一跨界服务。针对客户这一深度参与的跨界定制需求，海尔需要整合并调用企业内外部相关的若干供应链跨界资源（包括消费者在内）组成价值共创单元，共同参与这一跨界产品／服务的研发、设计、生产、服务及推广等全流程，给消费者提供精准的跨界定制产品／服务组合。

可以看出，数字经济环境下这些新的特点不仅对客户的需求模式产生了变革影响，也给企业的经营管理带来了全方位的新的挑战。如何将数字经济环境下这些新的特点（如精准、跨界、融合、参与、共享、共创、链接、生态等）融入企业的全方位经营管理活动的决策过程（如图3-10所示），进而实现"正确地做正确的事"，以便创造更大的经济效益价值和社会效益价值是值得企业思考的一个重要的新问题。

因此，在数字经济环境下，企业的经营管理必须用新的理念进行指导，这就是"理念驱动"。企业做数字化转型要先在思想理念上进行转变，思维的转变是第一位的，固守原有的思维就不可能有效推进转型工作。在数字经济时代，企业要通过转型将上述新的特点全面融入企业的经营管理活动，进而打造数字化的生态系统。这个数字化生态系统就是一个共生、共创、共荣的环境。企业首先要通过"思维转变"，从思想上率先进行突破。而"理念转变"的核心就是先将传统经营理念转变为以"互联网+""智能+"等为基础的理念。

关于"互联网+""智能+"等的具体内容，将在本书第5章阐述。

价值驱动

我们一直在探讨企业为什么要进行数字化转型。很多企业陷入"转型泥潭"的原因就在于没有弄清楚数字化转型的目的。在还没有弄明白干什么、怎么干的前提下就去干，显然会很被动，也会很迷茫，这一问题在第 2 章中已经做了较为充分的阐述。

显然，要弄清楚转型的目的，肯定要从转型的本质——"价值"入手。只要是有利于价值提升或者能创造新价值的转型举措都是可取的。能否创造价值，不在于我们的系统是不是世界上最先进的系统，也不在于我们是否引入了最时髦的概念（如"元宇宙"等）来做数字化转型，关键还在于能否真正给客户、企业及社会带来价值（例如，2022 年上海新冠肺炎疫情期间，京东、美团、叮咚、每日优鲜、盒马鲜生等平台的保供举措就给当地带来了很大的社会价值）。当然，有时候靠炒作一些新概念、新噱头，博一些眼球的做法也可以给企业带来一些短期的经济效益，但永远不会长久。

在三维驱动中，"价值驱动"是企业数字化转型方向是否正确的唯一判断依据。我们在第 2 章中提到，给一个企业贴上"数字化转型成功企业"的标签是很难的，因为企业的环境永远在变，企业的问题和痛点永远层出不穷，数字化转型也将永远在路上。

企业只有形成动态的数字化转型机制，不断地根据环境变化进行探索和完善，才能真正成为一个成功的数字化转型企业。

在理念驱动的基础上，企业数字化转型的最终目的还是要实现价值驱动，也就是要通过数字化转型给需求方（客户）、供给方（企业）及社会创造"价值"，这将回归到企业作为商业单元和社会单元的本质上来。有关价值驱动的核心内容及其与数据驱动的关系将在本书第 6 章详述。

数据驱动

在企业数字化转型中，从操作和落地层面来讲，需要突破的是"数据驱动"的理念。数据驱动其实是很多企业都尝试在做或想去做的事情，但是如何做好数据驱动，如何让数据驱动伴随企业更好地成长是重点。需要从数据驱动的起点、定位、主体、逻辑、量级等诸多方面进行探讨，建立数据驱动的普遍价值和运行机理。

如前所述，数据驱动的对象实际上是企业的经营管理活动。驱动"活动"，需要通过驱动对应的"管理决策"来实现。比如，驱动企业的采购活动，需要直接用数据来驱动不同物资的采购决策。从目的上看，数据驱动也就是希望把以前用"拍脑袋"做决策的过程，改为用"拍数据"做决策，使企业的任何一个管理决策过程都更加精准、合理、高效和可行，进而使企业全方位地做好经营管理活动，实现"正确地做正确的事"。

从如图 3-10 所示的企业数字化转型系统框架来看，企业经营管理活动中的决策内容不同，需要驱动的数据也不同，如图 4-2 所示，阐述如下。

（1）企业文化决策需要的数据

企业文化决策需要的数据是：**影响企业文化内涵及其培育的有关企业外部环境的数据、企业资源及其状态数据。**

例如，某企业一直以来崇尚狭隘的经济利益至上的利己主义文化，在内部员工管理上也倾向于使用机械且严格的狼性手段（如通过算法精细化考核等），导致一直以来员工极度不满，效率低下，离职率高，社会影响不佳。在数字化转型的浪潮下，该企业希望通过数据驱动不断优化和培养新的企业文化。

显然，企业在进行文化变革的决策时应综合分析外界环境中影响自己企业文化变革的相关数据（如弘扬社会主义核心价值观、高质量发展的理念等方面的信息数据）以及内部资源因企业文化不合理导致的状态数据（如员工情绪不满，或因员工突然离职、工作懈怠等导致的设备运转故障等），在综合平衡后进行文化的调整和变革。

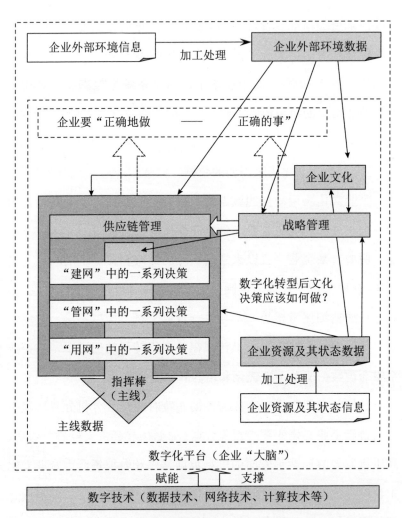

图例：——→ 数据驱动路径

图 4-2　企业数字化转型的数据驱动路径关系示意

（2）企业战略决策需要的数据

企业战略决策需要的数据主要有：影响企业战略制定及其实施的有关企业外部环境的数据、企业资源及其状态数据；企业文化的内涵数据。

（3）企业供应链管理"建网、管网、用网"中的一系列决策所需要的数据

企业供应链管理"建网、管网、用网"中的一系列决策需要的数据主要有：与"建网、管网、用网"中的一系列决策相关联的企业外部环境数据、企业资源及其状态数据；企业文化方面的相关数据；贯穿"建网、管网、用网"中一系列决策的指挥棒（决策主线）的相关数据。

与企业文化和战略决策不同的是，企业供应链管理"建网、管网、用网"中的一系列决策（企业其他管理活动的相关决策）需要的数据还必须有一个统一的决策指挥棒（我们称之为决策主线）进行指导，否则这些决策过程就会发生混乱，造成企业的资源冲突与内耗。我们常见的部门墙、信息和数据孤岛、部门和岗位冲突、团队协作矛盾等都是这一原因造成的。

再比如，本书第 2 章指出，当企业把数字化转型工作交由信息部门推动时，在没有进行顶层规划的前提下，按照传统信息管理的思路去推进数字化转型工作会面临一系列现实的问题：企业

中不同职能部门原来使用的信息系统是否需要替换成新的信息系统？替换成哪个供应商的系统？还是自己开发新的系统？替换时应该投入多少成本？是局部替换还是全部替换？如果不替换，原来的不同系统之间到底如何衔接？系统中什么样的数据应该保留和存储？什么样的数据不应该存储？这些问题存在的根源也在于没有厘清上面提到的这条主线的问题。

上述问题的详细解决方案，理念驱动、价值驱动和数据驱动之间的重要关系，以及数据驱动中的逻辑机理及关键问题等重要问题将在本书第 6 章阐述。

4.2　五位赋能（5E）

企业进行数字化转型时，除了需要在思维转变和理念创新上做好三维驱动，还需要注意五方面能力的打造，即"五位赋能"：第一个是洞察赋能，第二个是决策赋能，第三个是整合赋能，第四个是协调赋能，第五个是创新赋能。

简单地讲，三维驱动是企业数字化转型的灵魂引领，五位赋能是企业数字化转型的体现和落地。通过三维驱动，企业可以全方位了解数字化转型的本质和逻辑机理，再通过五位赋能，全方位地提升数字化经营管理能力和水平，进而更好地创造价值。

洞察赋能

洞察赋能主要是通过数字技术赋能，提升企业对内、外部环境因素的把握和预测能力，为合理制定企业全方位的数字化管理决策奠定基础。

通过洞察赋能，企业可以更为及时、精确、全面、系统地洞察国内外各种环境因素的变动趋势，洞察数字经济发展的规律与本质，探究新的科技发展趋势与应用场景趋势，把握企业数字化转型成功的关键因素等。

不同企业的文化和经营理念不同、领导者的格局和视野不同、经营管理和技术水平不同、员工的能力不同等，导致不同企业针对各种环境状况的洞察能力差异较大。比如，出于短期经济利益考虑，不该做的事非要去做，不顾人民和国家的利益受损；不该拓展的业务领域和不该侵占的社会资源非要去尝试，等等。其根源在于不能有效、清晰地洞察环境因素，导致看待问题不够全面和长远。

企业通过数字化转型，在洞察赋能方面就是要通过数字技术的支撑和赋能提升企业对内、外部环境因素的把握和预测能力，进而提升企业全方位的管理决策能力和水平，实现"正确地做正确的事"。在具体实现途径上，需要在自己的数字化系统中规划和设计环境洞察与分析功能模块，同时梳理清楚该模块与其他功能模块之间的关系。通过对企业内外部环境数据进行及时、准确、广泛的监测与分析，提升企业的洞察能力。例如，在外部环境数据（特别是宏观环境数据）方面，应注重对舆情数据进行监测与分析。

我们需要对"数据"有一个认识上的突破，应该有一个更广义的认识，"数据"并不一定必须是某种特定格式的信息，任何信息都可以转换为数据。我们看到的新闻、读过的报纸、听过的课、看过的电影、与人们的交谈等都是信息，这些信息都可以转变为数据。因此，企业要关注的数据并不只是系统里有规范格式的数据，而应该是能给其带来某种信息的要素。企业只有广泛获取相关信息数据，才能在经营管理各个层面、各个方面的决策中掌握主动权，才能更好地实现"正确地做正确的事"。

决策赋能

决策赋能主要围绕企业战略层面的决策活动进行赋能，使企业能够更好地进行面向数字经济环境的企业文化变革与培育，进行"产业＋消费＋治理"互联网融合模式的战略创新，进行面向"智能化或智慧化"的精准战略定位，进行面向数字经济的商业模式转型与重塑等。

　　这里，我们需要解释"智能"与"智慧"的关系。本质上讲，智能与智慧是同一个内涵，其区别在于，"智慧"一般是用来描述人、动物等"生物"的，而"智能"一般是用来描述机器、设备等"非生物"的。

　　理解"智能"与"智慧"需要将其与"自动化"进行比较。简单地讲，自动化是"活动主体"（如机器、设备等）按照操作者的要求和意愿自动完成活动的过程，比如我们常见的全自动洗衣机、全自动扫地机器人。"智能化"与"智慧化"是在操作者还没有将想要实现的活动指令传递给"活动主体"（如机器、设备等），或者操作者还没有想好或形成活动指令等的前提下，"活动主体"（如机器、设备等）已经能够主动地完成活动，并在一定程度上让操作者满意的过程。

　　比如，我们可以设想，未来的智能养老机构可以真正实现养老的智能化与智慧化，每天根据老年人的不同身体状况、不同心情、不同喜好等动态特征，智能地提供令老年人满意的医疗、餐饮、娱乐、康体、情感等多项服务。

　　再比如，在北京亦庄和海淀等地的自动驾驶出行服务推荐上车站点，免费开放的百度萝卜快跑自动驾驶体验服务吸引了不少市民参与。近20分钟的试乘时间里，安全员全程无接管，所有决策、操作均由自动驾驶系统完成。汽车速度稳定在每小时40公里左右，遇到前方红灯或是预测到其他车辆将并线，汽车会提前减速，从而避免急刹车。在上海、广州、深圳等城市，萝卜快跑自动驾驶汽车也已经开放运行。通过百度地图手机应用一键呼叫自动驾驶汽车，上车后，点按前排乘客椅背上屏幕显示的开始按键之后，车辆会进入自检流程。检测显示一切正常之后，车辆将正式上路行驶。行驶中，乘客区屏幕实时显示路面上的行人、车辆通行情况，还能显示当前路口的红绿灯情况。如果有行人试图通过马路，车辆会进行刹车操作。

当然，后文中会指出，智能 / 智慧的实现要靠基于数据的预测技术进行支撑，而数据是需要不断累积和优化的。

因此，百度自动驾驶项目要面向用户、面向市场不断改进目标，希望通过开放试乘来收集用户反馈，不断打磨提升自己，带来更好的出行服务产品。

关于企业数字化转型中的商业模式创新的问题将在本书第7章阐述。

整合赋能

整合赋能主要围绕企业组织层面的活动进行赋能，如通过数字化转型使企业打造出超柔性的资源跨界、融合、链接、共享、共创的生态组织模式，实现面向数字经济环境的组织重构，打造智慧供应链（包括物流）系统，构建超智慧组织体系等。

本质上，整合赋能对应本书前面提到的供应链管理中的"建网"层面内容，其目的是通过数字技术的支撑与赋能对企业内、外部的组织进行重构，更好地实现资源的配置和利用，进而支撑企业战略定位的实现。

在数字经济环境下，由于有数字技术的支撑，资源之间的链接更加容易，资源之间信息共享的可能性大大提升，使资源之间的协作关系产生了一定的变化。人们经常提到的所谓组织"重构"，也就是组织中资源之间协作关系的重新构建。在数字经济环境下，如何更好地搭建组织资源之间的协作关系，使组织的构建能更好地支撑企业"正确地做正确的事"是一个值得思考的重要问题。关于企业数字化转型中的组织重构和设计方法将在本书第 8 章阐述。

协调赋能

协调赋能主要考虑的是数字经济环境下如何对企业内外部资源进行领导与控制的问题，包括对企业内外部资源（业务资源、资金资源与数据资源等）关系的处理和协调，重塑网络化的数据价值流,进行企业内外部全域价值链的协调与管控、智能/智慧化的商业领导力与人力资源赋能、智能/智慧化的绩效与激励模式创新等。

本质上,协调赋能对应本书前述供应链管理框架中的"管网"层面内容,其目的是通过数字技术的支撑与赋能管理好企业内外部的资源,使其关系融洽、珠联璧合。

在协调赋能中,对企业资源中"人"这一资源的管控一直是个难点,无论是在数字经济环境下还是在传统企业运行环境下都具有极大的挑战性。

如前所述,智能与智慧是在操作者还没有将想要实现的活动指令传给活动主体(如员工、机器、设备等),或者操作者还没有想好或形成活动指令等的前提下,活动主体已经能够主动地完成活动,并在一定程度上让操作者满意的过程。

显然,智能与智慧实现的前提是"在数字技术支撑下,基于数据的精准预测"。但对企业而言,精准的预测有两大难点:从企业外部来看,预测宏观环境比预测微观环境相对困难;从企业内部来讲,预测"人"是最难的,我们常说的"人心难测"就是这一问题的真实写照。

曾经有一位企业老板在学习"领导力"培训课程之后,满心欢喜地准备将学到的领导力理论应用于本企业的管理实践。但令他没有想到的是，理论与实践的差别较大。最后他得出的结论是，"最大的难点在于，真的不知道员工心里是怎么想的"。

显然，"人"的不确定性决定了管理风险的增加。在某种程度上，企业数字化转型落到"管人"这一问题上时，其目的就是试图通过数字技术的支撑与赋能来降低"人"的不确定性，更进一步，试图实现对"人"的"智能化和智慧化"管理。

因此，在企业数字化转型中，对"人"进行"数据化"改造要比对"物"进行"数据化"改造难得多。对"物"进行"数据化"改造更多地需要依靠软、硬件的数字技术，如开发新型的传感器、研究数据挖掘的算法等。但对"人"进行"数据化"改造，"贴标签"的做法仍然较为盛行。不论从该方法的逻辑上、技术上还是操作上，都需要不断地进行深入的研究、持续创新的探索与系统的改进。

创新赋能

创新赋能主要围绕企业管理运作层面的活动展开，如通过数字化转型实现个性化价值的挖掘与创造，实现运营模式的创新与科技赋能，实现企业内外部跨行业、跨阶段的全流程—全链路运作创新，实现科技金融的基础性赋能，实现数字技术的原始性创新和应用等。

本质上，创新赋能对应本书提出的供应链管理框架中的"用网"层面（物流管理层面）的内容，其目的是通过数字技术的支撑与赋能将企业内外部的资源利用好，使其高效运转。

在这里需要指出的是，由于目前现实中很多领域的数字技术不论在硬件还是软件方面都还有很大的提升空间，有的技术还需要进行重点突破与不断完善。

例如，从全球范围来看，当前很多企业开发的智能财务、审计等系统的功能局限于"系统中的数据管理和方案优化"这一范畴，并没有解决数据的原始载体（如各种票据等）与系统之间衔接的智能/智慧化问题，这对任何企业而言都是一个难点。要解决这一问题，显然需要在硬件、软件及其他资源的支撑上进行综合创新。

再比如，近些年随着"新零售"概念的落地，很多传统超市、卖场都进行了结账通道的改进，设立了"自助结账"通道。但在商超购物中，并非只有结账这一个环节是需要进行数字化改进的。比如，在水果和蔬菜售卖区，由于称重基本还是人工操作，导致排队现象严重，效率低下。对于企业而言，有必要开发智能化的自助称重设备和系统。

可以说，在数字技术（包括数据技术、网络技术、计算技术等）领域及其关联技术领域的原始性创新和应用对于数字经济的发展具有重要的核心基础作用。企业不应该只关注人们普遍知道的问题（如都知道上述"结账"环节应该和可以自助化），更应该在现实中挖掘新的问题（如关注如何实现上述"称重"的自助化等），这样才能拓展出新的业务增长赛道。

例如，北京市为了精准防疫，在防疫的同时实现经济社会的协调发展，将健康宝上的核酸检测信息与公共交通数据相关联，实现了极大的便利和查验的准确性，提高了公共交通通行效率。健康宝核酸检测结果信息与一卡通关联后，人们在刷卡进站时由地铁闸机自动判断核酸结果的有效性，而不用人工查验核酸证明，提升了工作效率和通行效率。这也是一个挖掘身边问题，探索解决思路的典型例子。

同时，正如前文所阐述的，要想真正实现智能或智慧，其前提是必须实现"基于数据的精准预测"。而要想实现基于数据的精准预测，其前提必然是"万物互联"（也包括对"人"的互联）。

这一前提不论是在智能制造还是智慧服务的过程中都是普遍适用的，因为如果做不到对任何活动所涉及资源及对其有影响的环境因素的"万物互联"，就不可能及时、准确地获取资源的相关状态数据及环境数据，而没有资源相关状态的历史和实时数据以及环境数据作为支撑，对资源活动的"预测"就很难准确展开。

对企业数字化而言，"预测"如果做不好，大多数信息系统还将停留在记录、存储、分析和决策等"自动化"的功能上，无法上升到能够真正对未来活动进行合理决策的"智能/智慧"系统的层面。

以制造企业为例，尽管当前已经有很多 ERP 系统和智能管理系统（如 SAP 等），但距离真正意义上的基于"万物互联"的智能系统还有较大的差距。比如，在制造企业的采购、库存、加工、装配等过程中，每一个零部件到底该如何联网？如果每一个零部件因为体积小或者形状受限而无法联网，那么多少个零部件统一联网比较合适？多个零部件统一联网，其内部的关联关系数据又将如何拆解和计算？

尽管在零部件的加工过程中通过目前可视化的监控手段可以对其进行跟踪、监测和检查，及时发现问题，但在仓储、运输、装配等环节，如果不能联网就不能进行全程的精准监控和动态跟踪，就无法真正实现全供应链的无人化智能/智慧生产。

这些问题的解决，也需要在数字技术的创新和应用方面加大力度，从硬件、软件及其他资源支撑上探索从管理对象到管理系统这一基于"万物互联"的新的解决方案。

再比如，2022 年，日照银行成功落地地方城商行的全国首笔原油区块链电子仓单质押融资业务。日照银行青岛分行通过国内领先的能源化工供应链数字化服务商 66 云链区块链数字仓单平台，为青岛泰和嘉柏能源有限公司提供仓单质押融资服务，办理该行特色数字供应链金融产品——"橙仓通"质押投放"橙信贷"1 000 万元，电子仓单质押货物为原油，应收账款为上游供应商沥青销售对应款项。

66 云链是国内能源化工供应链数字服务商，在为产业客户提供"车－船－库"数字供应链服务的基础上，衍生出"区块链数字仓单应用"：基于"车－船－库闭环物流数据"，以区块链、物联网等可信技术赋能可信仓库，由可信仓库开立可信数字仓单，真正解决交付场景下的货物确权难题，使液化品数字仓单这个"提货权凭证"具备了参与金融应用的可能。

作为日照银行首笔基于区块链、物联网技术的原油数字化电子仓单质押融资的这项业务标志着该行"橙仓通"＋"橙信贷"数字供应链金融产品的灵活组合应用再上新台阶，通过科技赋能盘活库区存货，通过创新产品服务产业链上的核心企业及上游供应商，真正实现金融活水精准滴灌实体经济发展。[1]

可以看出，尽管当前基于区块链技术应用的"电子仓单"为供应链金融服务的落地带来了效率的提升，但其前提是必须将仓单对象"资源"的数据准确地与平台系统衔接。在供应链金融服务的产业链条上，只要有"人"操作的环节，往往就是数据管理与治理的难点和风险点所在。通过技术发展更好地赋能"万物互联"才是数字经济真正落地生根的基础。

2022年3月5日第十三届全国人民代表大会第五次会议上的《政府工作报告》对促进我国数字经济的发展明确提出"要加强数字中国建设整体布局；建设数字信息基础设施，推进5G规模化应用，促进产业数字化转型，发展智慧城市、数字乡村；加快发展工业互联网，培育壮大集成电路、人工智能等数字产业，提升关键软硬件技术创新和供给能力；完善数字经济治理，释放数据要素潜力，更好赋能经济发展、丰富人民生活"。

其中核心提到了建设数字信息基础设施、提升关键软硬件技术创新和供给能力等重要信息，这为未来企业数字化转型中创新赋能的实现奠定了方向指引。

---

[1]　https://baijiahao.baidu.com/s?id=1728723458000989018&wfr=spider&for=pc.

第 5 章

转型的理念驱动："互联网 +""智能 +"思维

5.1 理念驱动的核心

前文指出，"三维驱动"中"理念驱动"的核心就是将传统经营理念转变为以"互联网 +""智能 +"等为基础的理念。为了后文更好地对"三维驱动 – 五位赋能"中相关核心内容（如企业数字化转型的商业模式创新、组织重构与设计等）进行阐述，我们在这里先对"互联网 +""智能 +"等思维进行解释和讨论。

21 世纪以来，互联网（包括移动互联网）、物联网等作为先进的技术手段已经深入人们生产生活的各个方面。例如，越来越多的传统行业向互联网化转型，而越来越多的互联网公司也逐渐渗入传统行业，推动 O2O（线上线下协同）模式的不断发展。在本书归纳的数字技术中，互联网是网络技术的基础。

可以说，数字化转型在某种程度上探讨的就是其他行业（如传统行业和新兴行业）与互联网行业的双向渗透。其他行业转型升级的重要特征就是"互联网化"，这是在数字经济环境下运行的基础。因此，认识互联网对企业转型升级的作用及其重要性，对于做好企业数字化转型至关重要。

简单地讲，在认识互联网对企业的作用时，有两种常见的模式，即"互联网+"和"+互联网"。要理解"互联网+"，必须先将其与"+互联网"进行比较，因为二者具有明显的本质性差异，但经常会被混淆。

5.2 深刻理解"互联网+"的本质及价值

"+互联网"是指某行业"+互联网"、某企业"+互联网"、企业中的某部门"+互联网"、设备人员"+互联网"等，而"互联网+"是指"互联网+"行业、"互联网+"企业、"互联网+"企业中的某部门、"互联网+"设备人员等。

显然，二者的区别是，"+互联网"是把互联网作为信息处理的工具，而"互联网+"则将互联网作为运行的基本平台。

实现"跨界、融合"的价值增值

要想深入理解"互联网+"，首先需要探讨"互联网+"模式能给企业带来什么价值。

　　我们以"互联网＋行业"为例进行说明,其模式如图 5-1 所示。将若干行业同时关联在互联网平台上,其主要目的是发挥各行业之间的协同效应(1+1>2),进而给客户带来跨越行业边界(跨界)和融合行业资源(融合)的价值。**可以说,"互联网＋"的本质是实现"跨界、融合"的价值增值。**而该价值的实现,必须借助基于大数据的预测技术来驱动和实现。

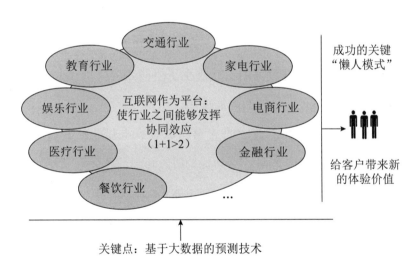

图 5-1　"互联网＋行业"逻辑示意

　　例如,某客户在周五下班时用出行软件呼叫了一辆网约专车,路线是从单位到家。当他上车后,系统根据以往该客户的出行数据记录分析,预测出他可能在到家休息片刻后,与家人一起去某类型的餐厅就餐。这时，专车上的广告屏或者他的智能手机上便会提前推送他偏好的餐厅信息（如特色菜品、排队信息、打折信息等）。如果他确认要到推送的餐厅就餐，专车可以给他提供优惠券，或者提供免费用车等服务。

如果专车提供免费用车服务，专车的钱从哪里赚呢？显然是相关联的这家餐厅。这就是我们常说的"羊毛"出在"猪"身上。这里的"羊"和"猪"，就是两个不同的行业（一个是交通出行行业，另一个是餐饮娱乐行业）。由于有了互联网这个平台的作用，这两个行业通过数据的关联产生了协同效应（1+1>2），给客户创造了"出行"之外的附加价值。

再比如，某电商行业中的 A 公司联合家电行业的 B 公司推出一款智能冰箱组合产品。活动促销时，可以将冰箱免费送给消费者，但前提是消费者授予电商公司冰箱动态数据的监控权。通过获取和分析消费者冰箱使用情况的相关数据，电商公司基本能够摸清消费者的饮食偏好以及冰箱内物品的品种、数量、周期等需求情况，在这一前提下，就可以较为方便地给消费者提供跨界的附加服务价值。

例如，如果消费者喜欢喝某种品牌的饮料，冰箱内该饮料的库存量及其变化数据往往是有一定规律的。如果某天某时监测到该饮料的库存数据严重低于该消费者的日常需求数据，则说明消费者可能忘记订货，这时电商企业可以主动提醒消费者订货，或者安排快递员直接将饮料送货上门。这样的操作既给消费者带来了便利，也给其带来了更多的附加价值。尽管这个例子只是一个简单的思路，在实际中并不一定具有可操作性，但足以将"互联网 +"的核心思想解释清楚，当前也有互联网公司正在进行这样的尝试。实际上，这也是我们经常谈到的"新零售"模式的核心议题——给客户带来新的体验价值。

沿着这一思路，我们可以设想：如果消费者是一个糖尿病患者，每天需要打胰岛素针剂的数量是固定的。如果冰箱能够自动监测冰箱内药剂的库存量，就可以主动地按时给消费者配药，消费者再也不用担心忘记买药影响治疗。

我们进一步引申，如果冰箱具有智能语音识别功能，在法律和消费者允许的前提下，可以随时监听消费者家中的谈话信息。如果通过语义分析，得知消费者面临财务困难，电商公司便可以联合合作的金融机构主动给消费者提供适宜的个性化金融定制产品，给消费者带来便利。

……

这里之所以用省略号，是因为按照这个思路延伸下去，原本单一行业内的企业产品和服务必然可以方便地演变成很多跨行业、跨企业的个性化产品和服务组合，不断地给客户带来新的体验价值。

这就是"互联网＋"思维的直接价值所在，也是数字经济环境下探索商业和企业经营管理模式最为"有趣"的地方。

当然，任何事物都具有"好"和"坏"的两面性。"数据"给商业带来无限可能的同时，也带来了无限的问题和风险（如"隐私风险"、数据滥用风险等）。因此，如何全面、合理地看待这一问题，不仅是每个社会单元和主体应该思考的问题，更需要政府监管层面花大力气去攻克相关难题。

回顾 2022 年 3 月 5 日第十三届全国人民代表大会第五次会议上的《政府工作报告》对促进我国数字经济的发展明确提出"要完善数字经济治理，释放数据要素潜力，更好赋能经济发展、丰富人民生活"。可以看出，释放数据要素潜力，更好赋能经济发展、丰富人民生活的前提是做好数字经济治理，而对数据获取和使用的监管无疑是治理中需要考虑的重头戏。

"互联网＋"的基本特征

上面阐述的道理和例子虽然简单，却体现了"互联网＋"思维的五个基本特征，即基础支撑、跨界融合、理念变革、模式重构和资源共享。

表 5-1 以传统行业为例对"互联网 +"和"+ 互联网"两种
模式进行了比较。

表 5-1 "互联网 +"与"+ 互联网"模式的比较（以传统行业为例）

类　　型	传统行业 + 互联网	互联网 + 传统行业
本质	互联网作为信息工具	互联网作为基础支撑平台
目的	传统行业的改造 （单一改造）	传统行业的跨界融合
范畴	行业自身	跨界系统
技术支撑	信息传输	数字技术（数据技术、网络技术、计算技术）
关键点	优化资源、提升效率	理念变革、模式重构
创新创业	企业、团队创新	企业、团队、个人融合平台创新

5.3 "互联网 +"思维的核心要点和原则

在"互联网 +"的背景下，各行业可以方便地跨界融合在一起，
从消费数据中获取和预测各类客户的特征（客户画像），并将其
转化为客户需求，进而带动相关行业的发展，实现跨界融合及资
源的合理优化和共享。

在这个过程中，关键的是基于互联网的数字技术（数据技术、
网络技术、计算技术等）在背后起着重要的作用。而（大）数据
技术的关键又在于基于（大）数据的"预测"技术。因此，基于
（大）数据的预测技术是实现"互联网 +"的根本和核心。

表 5-2 总结了企业运用"互联网 +"思维时需要重点关注的核心要点。

其中,从商业模式来讲,"互联网 +"思维成功的关键是给客户带来便利,也就是我们常说的"懒人模式"。所谓"懒人模式",就是通过给客户提供便利的产品或服务,让客户"变懒"。如果不用思考,甚至不用行动就能得到自己想要的东西,显然客户就会逐渐"变懒"。

表 5-2 "互联网 +"模式的核心要点

关注点	特 征
行业和市场的划分原则	根据行业、市场和数据特点进行综合划分
成功的前提	突破行业界限、突破供需界限、突破企业边界
成功的关键	给客户带来便利("懒人模式")
供应链	从关注产品和服务供应链转向关注信息的供应链
技术支撑	(大)数据技术、互联(互联网、移动互联网、物联网等)设施技术、基于大数据的计算和预测技术、关联技术等
服务提供	个性化服务(精准、跨界、融合、参与、共享、共创、生态等)、多行业融合定制、O2O 融合、懒人模式……
盈利模式	交互盈利、跨界盈利、融合盈利、去中心化盈利……

"想他所没有想到的事,做他不好意思去做的事,给他带来无比的便利"就是懒人模式的真实写照。

当然,前提是能够提前想到他所想的东西,这显然需要"预测"。这进一步验证了我们的核心观点：数字经济发展的难点在于"预测"，而"预测"恰恰是当前技术手段最难突破的。机器学习、人工智能等对于有规律事件的预测是较为容易的，难就难在对没有规律的事件的预测。

"互联网+"思维的出现给我们带来了从"跨界、融合"的角度重新思考商业行为和模式创新的思路与广阔的天地，这在各行各业的运用中已见端倪。

例如，中信百信银行股份有限公司（简称百信银行）的建立，就是秉承"互联网+"思维的结晶。百信银行是首家获批的独立法人形式的直销银行，由中信银行与百度公司联合发起。市场定位是"为百姓理财，为大众融资"，旨在依托中信银行强大的产品研发及创新能力、客户经营及风险管控体系，以及百度公司的互联网技术和用户流量资源，满足客户个性化金融需求，打造差异化、有独特市场竞争力的直销银行。其三大核心业务是消费金融、小微金融和财富管理。

百信银行是国内首家由互联网公司与传统银行深度合作、强强联合发起的直销银行，标志着百度公司在金融服务这个容量最大、最具增长潜力的垂直服务领域迈出了里程碑式的一大步。百信银行的设立在中国银行业发展过程中也具有标志性意义，开启了"互联网＋金融"的全新模式。[①]

通过上述分析，我们可以将"互联网＋"理念的原则概括为：客户价值至上；边界的模糊化（包括供／需边界的模糊化、行业边界的模糊化及企业边界的模糊化）；资源回归社会（充分共享与生态的打造、去中心化的趋势）。

5.4 打造"智能＋"基座及智慧大脑

"智能＋"和"互联网＋"的联系与区别

本质上，"智能＋"和"互联网＋"的逻辑基础是一致的。从关注点来看，"互联网＋"倾向于消费互联网领域的模式创新，而"智能＋"则倾向于产业互联网领域的价值提升。当我们把如图 5-1 所示的"互联网＋行业"逻辑变为"互联网＋环节（岗位、设备等）"时，实际上已经过渡到"智能＋"的范畴。

如图 5-2 所示，以制造企业为例，当把企业业务流程中不同环节加到同一个互联网平台上时，通过环节之间数据的打通和数字技术的赋能，可以实现不同环节之间协同效应（1+1>2）的发挥。

① 百度百科：百信银行.

例如，对于制造企业而言，在企业没有做数字化转型，或者不具备转型的条件和环境时，要想让不同环节上的决策活动（如采购、库存、生产设备的调整等）更加精准，需要"拉动式"生产模式进行牵引。比如，通过 JIT（准时制）生产方式，按照需求牵引，实现成品库存环节的"零库存"等。而在数字技术支撑下，通过基于跨环节（跨界）数据的预测技术，可以更好地提升生产过程中各个环节的"柔性"水平和协调能力，在尽可能降低成本的同时，提升经营效益。

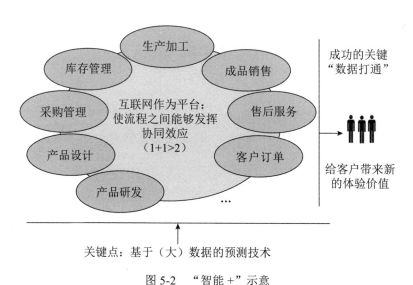

图 5-2　"智能＋"示意

比如，当企业的设计部门设计一个新产品的时候，在设计的概念和原型出来之后，通过数据的共享，采购部门就知道将来如何配合设计部门，应该采购什么样的东西，是否应该提前寻找合适的供应商，应该如何与供应商接触，如何与其沟通等；生产部门也一样，可以知道是否需要尽早考虑设备的更新，尽早招聘一些合适的员工，尽早进行技术的培训等。只有各环节、各部门通力配合，才能让自己的产品抢占先机，获取竞争优势。

显然，上述过程的实现都要建立在基于（大）数据的预测基础之上。我们常说的"大"数据，实际上并不好界定，什么是"大"和"小"，这并不重要，关键是要从数据中挖掘出"价值"。对很多企业而言，能把"小"数据用好就已经很不错了。

上述逻辑实际上就是"智能制造"的基本逻辑。可以说，"智能＋"是智能制造的基础。智能制造的本质和直接目的是提高制造过程的"灵活性（柔性）"，进而在带来收益的同时有效地降低风险。而"灵活性（柔性）"的提高必须依靠上述"智能＋"思维的支撑。

对任何企业而言，如果无法提高"灵活性（柔性）"，则无法应对个性化定制需求，而个性化定制需求恰恰是未来的需求方向（个性化定制模式的问题将在本书第8章介绍）。因此，必须探讨提高企业经营管理灵活性的合适的途径和方法。

"智能＋"和"互联网＋"最大的不同在于，"互联网＋"是建立在互联网基因的逻辑基础之上的，而"智能＋"则是建立在数字技术（涵盖数据技术、网络技术及计算技术等）基因的逻辑基础之上的，不仅包括上面探讨的"互联网 +"的内涵，更强调了如何通过"万物互联"真正实现智能化和智慧化。

"智能 +"是企业未来运行的基座

如前所述，企业数字化转型不仅是对自身经营管理系统效率与水平的改造和提升，更需要考虑如何通过数字技术的支撑更好地发展和拓展自身业务，不断提升经济效益价值和社会效益价值。

就企业数字化转型而言，"智能 +"是要通过打造基于数字技术的立体化智能基座，有效链接企业经营管理战略层、组织层（资源层）、运作层（业务层）等层面的活动，实现不同活动之间的跨界、融合、共享、链接并搭建生态关系，更好地为经济社会创造应有的价值。

在"智能 +"这一基座平台的运行中，需要"人"的决策与基于技术的"智能决策"深度融合。随着未来数据预测技术的发展，预测的精准度将进一步提升，企业的决策效率和效果也会随之改善。将来企业在组织层面和运作层面的决策活动（如组织层面的组织架构搭建和调整、治理结构的优化、人员的选配、绩效的评估等；运作层面的采购、生产、销售、研发、服务等）能够更加有效地解放人力，向智能化、无人化方向过渡。企业只需要由"人"来总体把握"智能+"如何运转就可以了。而企业战略层的决策则更多地需要由"人"来主导，但也需要从数字技术（如对企业文化、战略等有重要影响的舆情数据等）赋能中获取应有的价值，如图5-3所示。

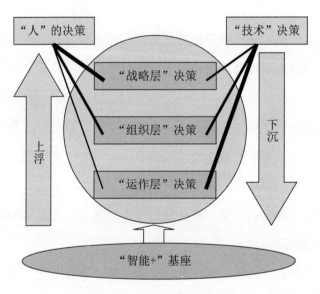

图 5-3　"智能+"基座示意

可以设想，对于企业管理而言，未来"人"的工作可能更多地需要在战略层面进行思考，把握方向和定位大局，确定企业需要如何发展及经营哪些业务。把这个事情做好以后，剩下的全部交给"智能+"的基座平台来完成，实现全面、系统的无人化经营。

当然，企业的智能化是一个漫长的过程，其影响因素众多，关系复杂，需要不断改进和完善。

例如，改革开放初期，正大集团来到中国投资。40 年来，正大集团在中国取得了长足发展。作为开放浪潮中的先行者与受益者，正大集团对中国的发展充满了信心，正大集团将会继续加大在中国的投资。下一步，集团要升级到 4.0 时代，以智能化、自动化来配合中国在创新经济、数字经济、电子商务，以及人工智能、新能源使用等方面的发展。正大集团在中国的智能化新农业有很多项目都在推进当中，引进了欧美的高端全自动智能化工厂——无人工厂。工厂里全部是智能机器人进行智能化管理，替代传统的人工养殖，杜绝了污染。例如，在北京的某栋鸡舍里养了 16 万只蛋鸡，里面没有一个人，只有智能机器按时巡查、管理，并把自动化养殖场里的各项数据传输到后台，让技术员可以全面了解并控制鸡舍里的情况。

很早之前，正大集团就开始着手布局推动传统农业向数字化转型。正大集团进入中国之初就已经引入了中控室，通过精确的仪器、仪表和设备控制装置来保证饲料的精度。举例来说，2002 年正大杨凌养殖项目通过中控室设备监测每只肉鸡每分钟饮水情况、采食情况，监测每只肉鸡每秒钟体重情况，以及在气温等因素影响下每只肉鸡的生长情况等，实现了 1 个农民成功养殖 10 万只合格肉鸡，这就是利用数字化技术大幅提质增效。但是，传统农业数字化转型的过程并不容易，最突出的问题包括：①初期高投入、低产出及产出没有明显增长。②农产品价格倒挂。农业发展的无序化导致了"猪周期""蒜你狠""姜你军"等周期性问题。③任何行业发展从量变到质变的过程，不能仅凭单一技术应用就实现行业彻底变革。随着消费市场不断升级，品牌化与高质量是大势所趋。此外，随着劳动力水平不断提升，农产品理应越来越贵、价值越来越高，利用数字手段提升工作效率，引入更多高端优秀人才也是重中之重。

"智能 +"是智慧大脑运行的基础

当前，随着数字经济的发展，各地域主体（如地区、城市、县乡、园区等）都在探索自身的数字化转型之路。但不论何种类型的地域主体，都需要智慧大脑进行智能化的事务和活动决策。对于城市主体而言，城市智慧大脑较为常见。

城市大脑是城市的智能操作系统，是具备自学习、自优化、自演进特征的未来城市的基础设施，是城市治理体系和治理能力现代化的科技支撑，是引领城市数字经济发展的核心引擎。

例如，"海淀城市大脑"是北京市海淀区立足首都"四个中心""两区三平台"战略定位，贯彻海淀"两新两高"战略部署的重要抓手和龙头工程。为此，海淀区政府成立了海淀城市大脑专班，联合中关村科学城城市大脑股份有限公司（简称"中科大脑"）等科技企业共建海淀城市大脑。

"海淀城市大脑"是全国第一个城市治理全场景城市大脑，以"智能 +"为基本模式，以"需求牵引、业务驱动"为特质，以数据驱动、AI 赋能为核心，实时汇聚各领域数据资源，对城市运行态势进行全感知、全互联、全分析、全响应、全应用，推动公共资源高效调配、城市事件精准处置、城市治理全局协同。海淀城市大脑将超大城市精细化管理运营模式逐步应用到公安、消防、城管等方面，率先在国内实现城市级多维异构数据的融合应用，首创基于业务场景的人机智能交互工作模式，为疫情防控、北京冬奥等重大事件提供了有力的科技支撑和安全保障。目前，海淀城市大脑已汇聚了 20 多个市区部门数据，打造涵盖了城市管理、公共安全、生态环保、城市交通、应急指挥、能源等领域的 100 多个城市大脑业务场景应用。

第6章
转型的价值驱动与数据驱动

6.1 数字化转型中的价值驱动

在三维驱动－五位赋能模型中，价值驱动是三维驱动中的重要内容。在三维驱动中，价值驱动是企业数字化转型方向是否正确的唯一判断依据。

如前所述，我们一直在探讨企业为什么要进行数字化转型。很多企业陷入"转型泥潭"的原因就在于没有弄清楚数字化转型的目的所在。在还没有弄明白干什么、怎么干的前提下就去干，显然会很被动，也容易陷入迷茫。要弄清楚企业数字化转型的目的，必须从转型的本质——"价值"入手进行探讨。我们之所以经常说数字化转型要实现"价值重构"，实际上就是希望能够通过转型重新梳理企业的价值创造，只要是有利于价值提升或者能够创造新价值的转型举措都是可取的。

能否创造价值，不在于我们的系统是不是世界上最先进的，也不在于我们是否引入了最时髦的概念来做数字化转型，关键还在于能否真正给客户、企业及社会创造价值。

我们在第 2 章提到，给一个企业贴上"数字化转型成功企业"的标签是很难的，因为企业的环境永远在变，企业的问题和痛点永远层出不穷，数字化转型也将永远在路上。企业只有形成动态的数字化转型机制，不断地根据环境变化进行探索和完善，不断地给包括社会在内的主体创造价值，才能真正成为成功的数字化转型企业。

在理念驱动的基础上，企业数字化转型的最终目的是实现价值驱动，即通过数字化转型给需求方（客户）、供给方（企业）及社会创造"价值"，这将回归到企业作为商业单元和社会单元的本质上来。

显然，要想将"价值"作为判断企业数字化转型方向是否正确的依据，首先需要弄明白"价值"是如何衡量的。

价值的衡量

一般来讲，可以用功能与成本的比值来衡量任何一个对象价值的大小，这一衡量准则源于人们对生产型产品价值的认识。例如，某种产品给人们带来的功能越好，人们获取它的成本越低，则它的价值就越大。我们常说的物美价廉、物超所值等都是从这两个方面衡量价值的体现。

价值的衡量公式为

$$价值 = \frac{功能}{成本}$$

基于价值的决策

有了价值的衡量依据，我们就可以通过比较对象的价值来轻松地进行"决策"了，这就是管理活动中常用的基于价值的决策方法，又称价值分析决策方法。[①]

价值分析决策方法是通过定量比较两个或多个决策方案（对象）的"价值"进行选择和决策的方法。由于价值等于功能与成本之比，因此要定量比较两个或多个对象的价值，必须先获取待比较对象的功能及成本数据。成本数据往往是容易获取的，但功能如何计算呢？

不论是在传统的企业管理中还是在数字经济环境下的企业管理中，我们经常会遇到如何把定性问题定量化的问题。例如，在人力资源管理中评价员工的工作绩效，最后要求量化打分；在财务管理中，若干财务指标都要求量化计算；等等。

要想实现定性问题定量化这一目的，首先需要建立一套指标体系。指标体系建好后，才能知道应该从哪些方面衡量每个对象

---

① 姚建明.战略管理——新思维、新架构、新方法：第 2 版 [M].北京：清华大学出版社，2022.

的情况，进而打出总评分。

在企业管理实践中，指标这一工具特别重要，它是企业管理方法落地的基础。任何企业管理方法落地的时候，首先需要转换成一系列指标。例如，进行财务管理时，最终是转换成财务指标落地，如各种比率；开展人力资源管理时，最终是转换成人员招募、考核、评价等各种指标落地；等等。

在对任何一个定性问题进行定量化的过程中，大致都要进行如下四步操作。

第一步：建立评价指标（建指标）。通过分析，明确采用哪些具体的指标来衡量和评价对象。

第二步：给评价指标确定权重（定权重）。评估所建指标体系中各项具体指标的重要程度，并设定权重加以区分。

第三步：给每个被评价对象评分（赋评分）。基于各项指标，对待评价的各个对象给予评分。评分之前先拟定好评分的分值区间（如 0 ～ 10 分、0 ～ 100 分等）。

第四步：计算每个被评价对象的加权总分（算总分）。基于各个对象在各指标下的评分，计算各对象在该指标体系下的加权总分。

在价值分析决策方法中，我们也可以基于以上四个步骤，对价值公式中的功能进行量化处理。对功能进行量化处理后，再与作为分母的成本进行比较，便可得出价值的量化结果。上述步骤的详细计算过程请参考《战略管理——新思维、新架构、新方法（第 2 版）》。

不论在传统的企业管理实践中还是在企业的数字化转型中，价值分析决策方法都是一种非常重要且应用普遍的方法。在企业的文化决策、战略决策、运营决策（如供应商选择、研发方案选择、采购决策、生产设备选择、生产方式选择、销售渠道选择、营销方式决策等）、支撑性管理决策（如人事决策、人员选择、人员考核、岗位设计、部门考核、财务决策、预算决策等）各方面都可以得到广泛的运用。

例如，某钢铁厂的采购人员需要针对购进某设备进行科学的决策，通过运用价值分析决策方法，经过严格的功能和成本的比较与计算后，得出价值分析决策结果，最终购买了这台设备，使企业的效益得到了极大的提升。

数字化转型中的价值驱动

在了解了如何衡量与量化计算"价值"之后，我们再回过头来看企业数字化转型中的价值驱动。

如前所述，企业数字化转型的直接目的是在数字技术的支撑与赋能下，将原先由"拍脑袋"进行的企业经营管理活动决策改为由"拍数据"进行决策，而衡量决策好坏的依据就在于对其"价值"的衡量。

可以看出，在全面的企业数字化转型系统框架指引下，价值驱动时需要考虑的问题主要有如下几个方面（见图 6-1）。

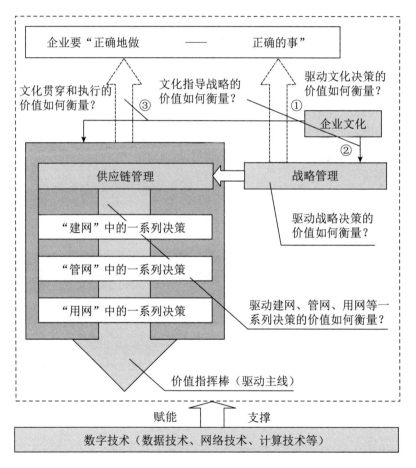

图 6-1 价值驱动中需要考虑的主要问题

（1）企业数字化转型后，驱动文化决策的价值如何衡量？文化指导战略的价值如何衡量？文化贯穿和执行于建网、管网、用网等一系列决策的价值如何衡量？

（2）企业数字化转型后，驱动战略决策的价值如何衡量？

（3）企业数字化转型后，驱动建网、管网、用网等一系列决策的价值如何衡量？

只有明确了上述价值衡量的机理，才能真正弄明白数据驱动的逻辑，推进企业数字化转型的真正落地。

为了解决这一难点问题，这里我们引出一个重要的价值驱动分析工具——"三大法宝"。该工具也是企业数字化转型中"价值"重构与落地的重要工具。

6.2　价值重构与落地的重要工具——三大法宝

重要工具："三大法宝"

在企业数字化转型中，价值分析方法是定量计算和衡量"价值"的基础。而在将价值分析方法落地时，我们首先需要考虑的是价值计算公式中"功能指标"的构建。这里以某制造企业采购部门采购决策的价值计算为例进行探讨。

　　企业在采购零部件时，通常能够想到的衡量采购决策活动价值的指标主要有零部件的品质、材料、规格、外观、品牌、附加服务，零部件的交货期、交付方式，零部件的采购成本，账期的长短，售后服务的好坏等。

　　为了简化起见和操作方便，我们对上述指标进行归类。显然，对这些指标进一步归类可以发现，零部件的品质、材料、规格、外观、品牌、附加服务，零部件的交货期、交付方式，售后服务的好坏等都可以归入价值衡量公式的功能指标；而零部件的采购成本，账期的长短（账期影响的是成本）则可以归入价值衡量公式的成本指标。

　　进一步分析发现，在上述功能指标中实际上有两类指标：一类是反映采购活动能够带给企业主观和客观各方面在零部件自身品质及附加服务上的需求，如品质、材料、规格、外观、品牌、附加服务、交付方式、售后服务的好坏等；另一类反映的则是时间方面的要求，如零部件的交货期。

　　因此，如果我们用一个综合指标——"质量"来全部概括上述反映零部件自身品质及附加服务的指标，用另一个综合指标——"交货期"来全部概括上述反映时间方面要求的指标，再用综合指标——"成本"来全部概括上述反映成本方面要求的指标，则价值公式的指标体系将主要包括三部分，即分子上的质量指标和交货期指标以及分母上的成本指标。

此时，价值公式可以做如下变动：

$$价值 = \frac{功能}{成本} = \frac{质量 + 交货期}{成本}$$

这一结论对任何对象的价值衡量都是通用的。

由此引出了企业经营管理中非常重要的三个综合指标，即质量、交货期和成本。实际上，质量（Quality）、交货期（Delivery date）和成本（Cost），即 QDC 是企业运营的三大核心指标，在企业传统的运营管理、生产管理、质量管理、精细化管理等领域应用非常广泛。

然而，一个重要的问题是，一直以来，人们始终围绕企业运作层面的决策来探讨这三个指标，却很少将其提到企业的战略层面和组织层面进行探讨。

为了进一步分析"价值"在整个企业管理及数字化转型中的重要作用及其运行机理，这里我们给"质量、交货期和成本（QDC）"起了一个新的名称——三大法宝。

之所以将其上升到"法宝"层面，是因为其重要性在企业的任何经营管理决策中及企业的数字化转型过程中都是不言而喻的，它是企业数字化转型中最为核心的内容之一。

三大法宝与企业战略决策的关系

如前所述，企业数字化转型后，决定企业供应链管理中建网、管网、用网等一系列决策的主线就是"价值"（三大法宝），而这条决策主线的起点应该是企业战略决策的结果，如图 6-1 所示。

如果"三大法宝"一直在企业的运作层面起作用，而上升不到企业的战略层面，就无法实现主线与战略的对接，将来指导建网、管网、用网中一系列决策时就可能目标不明确，导致决策过程迷茫。

因此，我们必须先探讨"三大法宝"与战略决策的关系。

首先，从"价值 =（质量 + 交货期）/ 成本"来看，要想使价值提升，显然质量越佳越好、成本越低越好，但交货期是越长越好还是越短越好呢？答案既不是长也不是短，而是与客户期望的交货时间差异越小越好，即越准时越好。

比如，消费者在京东上购买大件电器，约的是中午下班回家后 12 点 30 分送货，但如果配送员为了赶时间早上 10 点就来送货（交货期短），则消费者的购物体验就不可能好。

再举一个例子。小王 10 天后过生日，订了一个限量版的生日蛋糕。但是，蛋糕店出于某种原因，第 2 天就要把蛋糕送给小王。

显然，由于交货期与小王的预期相差较远，他会非常不满意。

作为供给方的蛋糕店认为，需求方小王在衡量蛋糕的价值时是从 QDC 三个指标的角度衡量的，而不是交货期一个指标，因此采取了如下两种策略：一种是，蛋糕的质量指标保持不变，但售价（小王购买蛋糕的成本）打五折，由原来的每个 400 元降低到 200 元，但仍然要在第 2 天将蛋糕送给小王；另一种是，如果小王对于打五折仍不满意，蛋糕店将对蛋糕质量中的指标进行较大程度的提升，准备在第 2 天将蛋糕送给小王的同时赠送一张价值超过 1 000 元的会员卡。

尽管这个例子非常简单，而且小王的决策结果也可能有多种，但其中却蕴含着一个非常重要的问题，那就是小王是基于什么进行决策的。

显然，小王最终选择的决策是基于其对"价值"的判断。对价值判断的前提在于对三大法宝各指标权重的权衡和判定。

对三大法宝各指标权重的判定又是基于什么得出的？答案只有一个，那就是"目标"，也就是"干什么"。

在不明确买蛋糕到底要"干什么"的情况下，是很难对三大法宝各指标的权重做出正确决策的。

比如，小王如果买这个限量版蛋糕就是为了 10 天以后过一个满意的生日，那么 10 天以后有蛋糕肯定是最重要的，这时他必然对交货期指标最为看重。而如果他对过生日有没有这个限量版蛋糕并不在意，可能会将较大的权重放在质量中的某个指标或者成本指标上。

既然三大法宝的权重是由"目标"决定的，而根据本书第 3 章中的管理逻辑阐述，目标又是由战略（计划）决定的，因此可知三大法宝之间的权衡是由战略决定的。

至此，我们得出一个非常重要的结论：价值是由战略决定的。

这一结论的得出，为我们将"价值"作为贯穿企业建网、管网、用网中的一系列决策活动的主线奠定了基础。这也是企业全面、系统地做好数字化转型的关键。

例如，A 公司制定了未来 5 年的战略目标（平衡计分卡目标）。该公司也分别对两个业务（家电业务和房地产业务）的战略目标进行了分解，如图 6-2 所示。

当 A 公司针对家电业务运作层面（"用网"层面）的采购活动进行决策时，面临的一个基本前提是要先明确业务层的战略目标和战略途径，即明确家电业务未来 5 年到底要"干什么"和"怎么干"，然后才能确定采购活动中的预算决策。

也就是说，在针对"用网"中的采购活动进行决策时，将财务指标拟定为：未来 5 年的总采购成本 ≤ 6 000 万元；将客户价值指标拟定为：质量符合 6δ 标准、交货准时性 ≥ 99.9%。那么，这样的采购决策是基于什么确定的呢？为什么不去采购质量更好、交货期更为精准的零部件呢？

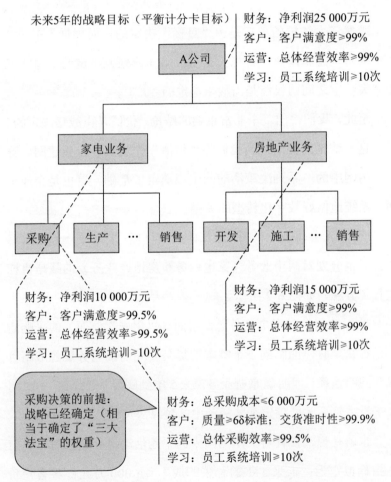

图 6-2 "价值"贯穿"用网"中采购决策的例子

　　再换一种说法，根据该产品零部件供应情况的测算，未来 5 年中可能有两种零部件的采购方案：一种是产品的零部件总采购成本 ≤ 6 000 万元、零部件质量符合 6δ 标准、交货准时性 ≥ 99.9%；另一种是该产品的零部件总采购成本 ≥ 6 500 万元，但 ≤ 7 000 万元，同时零部件质量明显优于 6δ 标准、交货准时性 ≥ 99.99%。很明显，按照第一种采购决策方案生产的产品成本低，质量和交货期尚可；而按照第二种采购决策方案生产的产品成本高，但质量和交货期明显优于第一种方案。在这种情况下，对于采购活动应该如何决策？

　　显然，唯一的判断标准就是要先明确该家电产品在未来 5 年的市场竞争中到底是要依靠价格来吸引客户（低成本战略），还是要依靠质量和交货期来吸引客户（差异化战略），也就是通过什么样的战略途径来实现什么样的战略目标，也就是先明确该业务未来 5 年要"干什么"和"怎么干"。

　　显然，A 公司家电业务的采购活动之所以要进行如图 6-2 所示的采购预算决策，其前提是该业务的战略途径已经制定了"低成本战略"，并且明确了获利 1 亿元的战略目标。

　　总之，有了三大法宝作为图 6-1 中企业建网、管网和用网的决策主线，可以方便地将企业的战略层、组织层及运作层中各活动的决策过程有效衔接，实现"价值驱动"的目的[①]。

"价值驱动"的流程优化

众所周知，在很大程度上，企业经营管理活动的决策过程也可以体现在经营管理活动流程优化的决策过程中。流程本身就是一系列活动的集合。

例如，在上自助设备之前，很多银行的营业网点都是靠人工柜台办理业务的。上了自助设备之后，很多网点开始裁撤人工柜台。原先客户在柜台办理业务是一站式的完整的流程，但上了设备之后，完整的流程被割裂了，在柜台办到一半，需要到设备上去处理，然后再回到柜台办。实际上，近些年很多人都在抱怨这样的服务流程设计是否考虑了客户价值的满意问题。而银行并没有思考这样的流程能否让客户满意，而是认为引入"先进"设备就是数字化转型的"成功"。

当然，如第3章所述，企业自认为正确的事就是正确的事。我们不能也没有必要去评价一个企业的行为是否正确和理性。我们只需要进行全面的分析进而考虑自己的企业在数字化转型中应

---

① 姚建明.战略管理——新思维、新架构、新方法：第2版[M].北京：清华大学出版社，2022.

该"干什么，怎么干"。

企业在进行数字化转型时，一个绕不开的核心话题必然是流程的优化问题。而只有对企业各层面、各方面经营管理活动流程进行全面梳理，才能架构出企业数字化转型的系统蓝图，这是数字化转型中由"管理逻辑分析"向"技术手段落地"转换的桥梁。

基于价值的"三大法宝"对企业流程进行优化，可以遵循下列基本步骤：

（1）厘清要进行分析和优化的流程，明确流程的范畴；

（2）明确流程中的各项活动与资源耗费和活动目标之间的关系，也就是活动与三大法宝之间的关系；

（3）根据活动的目标（三大法宝）改进流程。

企业在实际操作时需要注意的是，在界定流程的范畴时一定要将视野放大到企业内部和外部两个范畴。

根据上述步骤，下面举一个简单的例子。

某面包房专门烤制高级面包，制作流程中有两个活动：一个是和面制作面包坯，另一个是烤面包。受产能限制，面包房的设备每小时可以和面加工 100 个面包坯，需要雇佣专业的和面师傅，师傅按 20 元 / 小时计时计算劳务费用（计时按其在面包房停留的时间算）；面包房的烤箱设备每 2 小时可以烤制出 100 个面包，烤箱由专人看管。在某时刻，某客户订购了 200 个面包，5 小时后需要交货，则基本流程如图 6-3 所示。

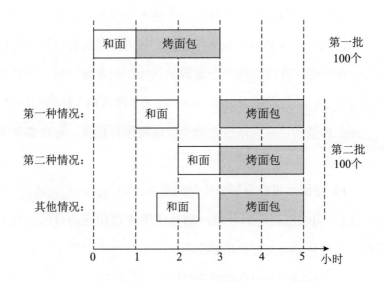

图 6-3　面包房不同流程比较

　　显然，对于第一批 100 个面包，0 ～ 1 小时和面，1 ～ 3 小时烤制；对于第二批 100 个面包，只能 3 ～ 5 小时烤制。但问题是，第二批 100 个面包什么时间和面最合适？

　　如图 6-3 所示，如果第二批在 1 ～ 2 小时和面，和好后还需要再等 1 个小时才能烤制，这时已经和好的面包坯比刚和好的要干一些，烤制出来的面包质量可能不如第一批现和现烤出来的。但这种情况下支付给和面师傅的劳务费最少，是 40 元。

　　第二批现和现烤的情况如果是图 6-3 中的第二种情况，在

2～3 小时和面，和好后直接烤制。这种情况烤出的第二批面包质量与第一批一样，但需要支付给和面师傅 60 元劳务费。

从三大法宝的角度可以看出，在交货期（5 小时）一定的前提下，图 6-3 中第一种情况下的总成本低，但面包质量略差；第二种情况下的总成本高，但面包质量好。显然，如图 6-3 所示，还有介于这两种情况下的其他情况。

对面包房来说，不同的情况对应着不同的活动安排，也对应着不同的流程。对流程方案逐步进行改进，选出满意方案的过程也就是流程优化（流程方案决策优化）的过程。

面包房针对上述流程的优化应如何进行决策呢？

答案只有一个：**"不同的企业有不同的流程优化决策方案。"**

一般来说，企业流程优化的过程也就是流程中活动重新梳理和安排的过程。流程优化的核心是通过活动的重新梳理和安排给企业创造"价值"。显然，对流程中每个活动"价值"的衡量，**其前提是必须先明确"三大法宝"——"质量、交货期和成本"之间的权衡关系**，而这个权衡关系又是由企业综合了客户（需求方）的诉求及自己（供给方）的诉求后，经过综合平衡后决定的。

按照一般的理解，企业价值（这里指经济效益价值）的创造最终是由客户买单的，因此如何衡量活动的价值好像是由客户决定的。然而，仔细思考后，我们可以发现并非如此。因为客户有时候并不清楚自己"要"什么。即便客户清楚地知道自己"要"什么，企业也不一定能完全按照客户的要求和意图实现产品的交付。打个夸张的比喻，客户想要天上的星星，企业能摘下来吗？

显然，三大法宝之间权衡关系的确定，不是单方面由客户决定的，而是企业在考虑了客户诉求及企业自己的诉求后通过综合平衡确定的。

因此，对于上述例子而言，面包房如果想要给客户提供质量最好的面包，同时客户也愿意为质量最好的面包买单，那么选择第二种情况下的流程方案是最好的，尽管和面的成本高一些也是值得的。否则，面包房可能选择其他方案进行流程的优化。但不论选择哪一种方案进行流程优化，其前提是三大法宝之间权衡关系已经确定了。"价值"的三大法宝是企业流程优化的前提，而价值又是由企业的战略决定的，因此，战略决定了企业在建网、管网和用网中对各个流程的优化决策。这也进一步体现了"价值"作为驱动决策主线的地位和作用。

总之，企业的流程优化应以企业的战略为中心进行考量，进而合理配置"价值"三大法宝（质量、交货期、成本）之间的权重关系，并以之作为流程优化的衡量标准，以获得最优的流程方案。有关"价值"的三大法宝与企业战略之间的详细衔接关系，请参阅本书作者的相关书籍[①]。

不同的企业有不同的"活法"

我们常说，企业的经营管理要"以客户需求为中心""顾客就是上帝"，但这并不代表所有的顾客针对任何产品都是希望得到"质量"最好的东西（因为质量的提升往往需要耗费成本，也可能对交货期产生影响），也并不意味着企业在进行价值的权衡决策时一定要将"质量"指标的权重打到最大。

"以客户需求为中心""顾客就是上帝"实际上是以顾客对"价值"的诉求为中心，也就是以顾客对三大法宝中"质量、交货期和成本"的权衡为中心。

在管理理念的发展历程中，我们往往以 20 世纪 90 年代作为分界线。90 年代以前以卖方市场为主，这时企业以"成本为中心"进行经营管理是较为合适的。因此，精益管理、精细化管理等思想在当时也得到了普遍关注、推广和应用。但 90 年代以后逐渐向买方市场转变，环境的动荡和多变、竞争的加剧，使企业的经营管理理念也要发生变化。**企业必须由以成本为中心转到以"价值"衡量为中心的"战略中心"理念上来。**

例如，某企业要开一个时尚产品的体验店，经过对店面选址

---

① 姚建明. 战略管理——新思维、新架构、新方法：第 2 版 [M]. 北京：清华大学出版社，2022.

成本的测算，发现选择城乡接合部开店的成本较低。但是，如果我们真的将店面开到那里，虽然成本降低了，但又有什么意义呢？体验店的作用是让消费者进行体验，应该开到消费者流量大的地方才有价值，即使成本高一些也是值得的。因此，在进行价值的三大法宝的衡量时，一定要明确"干什么"，而"干什么"显然是由企业的战略目标决定的。

在企业经营管理的过程中，对"降本增效"这一理念应该进行全面深刻的理解，而不能仅从字面上理解。对任何企业而言，首先需要研究"降本"是否一定能够"增效"。如果"降本"不能"增效"，我们降本的意义又在哪里？就像企业的数字化转型一样，如果数字化转型没有意义和价值，我们为什么要转型？就是这么一个简单的道理，但很多企业就是会陷入"误区"，不加思考地就去转型，最后陷入了迷茫。

究其根源，在于我们很多企业的管理者不愿意去思考、去学习、去研究，真正去解决企业自己的问题，而是希望从别人那里得到一个"成功"的解决方案。但免费得来的东西是要不得的。

6.3 数字化转型中的"数据驱动"

如前所述，在企业数字化转型中，"数据驱动"的对象实际上是企业的经营管理活动，并通过驱动对应的"管理决策"来实现。"数据驱动"就是希望把以前用"拍脑袋"做决策改为由"拍数据"做决策，使企业的任何一个"管理决策"过程都更加精准、合理、高效和可行，进而使企业全方位地做好经营管理活动，实现"正确地做正确的事"。

从如图 3-10 所示的企业数字化转型整体框架来看，企业经营管理活动中的决策内容不同，需要驱动的数据不同。

不同对象的数据驱动内涵

如图 6-4 所示，需要重点考虑的数据主要有如下几个方面：

（1）企业文化决策需要的数据主要有：影响企业文化内涵及其培育的有关企业外部环境的数据，以及企业资源及其状态数据。

（2）企业战略决策需要的数据主要有：影响企业战略制定及其实施的有关企业外部环境的数据，以及企业资源及其状态数据；企业文化的内涵数据。

（3）企业供应链管理"建网、管网、用网"中的一系列决策需要的数据主要有：与"建网、管网、用网"中的一系列决策相关联的企业外部环境的数据，以及企业资源及其状态数据；企业文化方面的相关数据；贯穿"建网、管网、用网"中一系列决策的指挥棒（决策主线）的相关数据。

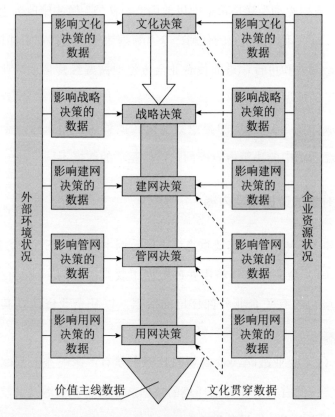

图 6-4　企业数据驱动关系示意

数据驱动的复杂关系和机理

企业数字化转型中的数据驱动关系和机理是非常复杂的。这里我们以贯穿"建网、管网、用网"中一系列决策的指挥棒（决策主线）为例来阐述。

通过前述"价值驱动"的理念可知，用"价值"作为贯穿"建网、管网、用网"中一系列决策的指挥棒（决策主线）是非常合适的，而与之相关的数据也就是"价值"三大法宝所涵盖的相关数据。下面，我们通过一个简单的例子来看一下，为什么企业在做不同层面、不同活动的决策时，需要考虑上述不同方面的数据进行决策的驱动。

图 6-5 给出了 A 公司在用网层面，针对办公物资采购岗位的"笔记本电脑采购活动决策"的数据驱动示例。

首先，A 公司在"笔记本电脑采购活动决策"的数据驱动中，根据公司已制定的战略，决定了价值主线"三大法宝"之间的权重关系。

由该"价值"主线数据驱动出来的原计划采购决策数据为：采购产品：华为 MateBook D 14 2022 款；采购数量：100 台；采购支出：47 万元；验收时间：2022 年 5 月 8 日上午 10：00；送货方式：厂家直送；采购员：C。

但很明显，企业中任何一个层面、任何一个环节活动的决策绝非单一方面因素能够决定的（当然，在理想状态下是这样的），必须考虑其他关联因素的影响。

从这个例子来看，也就是"笔记本电脑采购活动决策"的驱动数据除了"价值"主线数据之外，还有企业文化的贯穿数据、外部环境的状况数据及企业资源的状态数据。

例如，在制定原计划采购决策方案的时间点上，企业外部环境状况数据显示"因修路5月6日11：00开始企业所在园区道路封闭无法送货"。

这时，必须考虑修订原方案，将送货时间提前到2022年5月6日上午10：00。而此时，企业资源状态数据显示原采购员C将休病假到2022年5月6日下午2：00，因此原本安排由该采购员负责的工作必须进行调整。但企业资源状态数据显示该公司只有两名采购员，除了C之外，还有一名采购员D，但该采购员却有着行为不规范（如吃回扣）的记录。

由于A公司的文化数据显示，采购活动要诚信经营、遵纪守法，显然，如果换用采购员D，可能会发生道德方面的风险，所以最后进行决策时，还必须衡量道德风险发生的可能性及其对企业的影响。最后，A公司在选择采购员D与推迟采购活动之间进行了平衡，决定由D进行采购，完成本次采购的目标，因此得出了修正后的采购决策数据用来指导采购活动，如图6-5最下部所示。

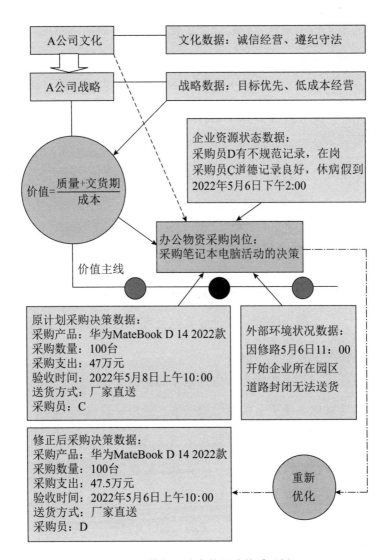

图 6-5　数据驱动中的影响关系示例

通过上例可以看出，企业数字化转型中的数据驱动是一个复杂的过程，而且必然要与"价值驱动"相互关联。而当我们将理念驱动对价值的影响再融入数据驱动之后，数据驱动的过程将更加复杂。但这正是企业数字化转型的"魅力"所在，也是企业需要深入研究的核心问题。

本书第 7 章将通过探讨企业数字化转型中的商业模式创新，来阐述"理念驱动"对价值的影响。

综合的企业数据处理平台——企业大脑

显然，要想真正动态地实现如图 6-4 和图 6-5 所示的数据驱动机理，一个综合的智慧型企业数据处理平台是必不可少的。这个平台也就是我们常说的企业大脑。

企业大脑与一般的企业信息化系统的差别主要在于：大多数企业的信息化系统更多的是数据获取、记录、存储、分析和判断的系统，能够实现智能和智慧决策的功能很少；而企业大脑则是用来分析和解决问题的系统，能够基于数据的深度分析提供智能和智慧的决策方案。

当然，如前所述，实现"智能"和"智慧"的关键是基于数据的"预测"，这是未来开发企业大脑最难的地方，但也应该是企业重点关注的地方。

例如，在电商普及率已非常高的时代，人们仍然习惯在线下购买口红，因为需要在柜台试色。在字节跳动旗下火山引擎的支撑下，通过 AI 技术，消费者可以在手机上试妆和试色，找到适合自己的色号。而通过数据的积累，企业也可以优化自己的商品和服务，能为不同客户提供个性化的商品推荐。这样不仅可以改善用户的体验，还能提升销量。

为了更好地通过技术、产品和服务为企业打造自己的数字化增长引擎，火山引擎从增长方法、实用工具、技术能力三个方面助力企业数字化转型。

（1）增长方法方面。在过去 9 年的快速发展中，字节跳动积累了很多增长的方法和经验，包括创意的生产、内容的制作、千人千面的个性化匹配、精细化的用户运营等。而在这些方法和经验的背后，最重要的一个理念是数据驱动，从机会点的发掘、问题的诊断，到算法的改进、功能点的验证，甚至细化到每一个产品的命名，背后都是数据驱动来助力把每一个决策做得更好。

（2）实用工具方面。有了好的方法和流程，还需要用工具固化。要做好一个工具并不容易，因为产品设计和研发的迭代过程高度依赖 A/B 测试和数据分析，每天都有数万人在做这些事。如果没有高度智能、流程化的工具，创新的速度会受到极大的影响。在字节跳动内部有数千人的团队在进行各种工具的研发，这些工具也会通过火山引擎对外提供。

（3）技术能力方面。有了方法和工具，还需要技术能力来进一步支持业务。技术一要解决速度的问题，支持业务快速地创新迭代；二要解决规模的问题，支持业务的爆发增长。在这方面，火山引擎会对外提供支持了抖音、今日头条等全系产品的同款技术，包括基础架构、云原生、个性化推荐、音视频处理等，帮助企业更好地完成业务的数字化改造。

第 7 章
转型中的商业模式创新与价值场景的打造

在"三维驱动-五位赋能"中，决策赋能主要围绕企业战略层面的决策活动进行赋能，使企业能够更好地进行面向数字经济环境的企业文化变革、战略创新，进行面向"智能化/智慧化"的精准战略定位，进行面向数字经济的商业模式转型与重塑等。可以看出，从战略层面来看，企业的文化、战略与商业模式是非常重要的内容。企业确定了文化和战略之后，如何在数字经济环境下进行商业模式的创新与设计就成了一个非常重要的问题。

7.1 数字化转型中价值挖掘的新特征

如前所述，由于有数字技术的支撑与赋能，数字经济环境下企业的经营管理活动会显示出一系列新的特征。

从商业模式的角度讲，我们需要从供需双方价值挖掘的角度进行分析，看看与传统环境相比，在数字经济环境下，挖掘价值时到底有哪些新的特征需要特别关注。下面通过两个小例子（猿辅导和凯叔讲故事）进行阐述。

例1 一个小女孩每天都要拿着平板电脑与电脑里的英语老师互动语音。如果她读错了，电脑就会说"再来一次"，如果读对了，电脑就会说"真棒"，然后跳转到下一个单词。这样的互动方式，孩子们都很喜欢，往往十几分钟的课程上完了还觉得不够。在疫情防控期间，一位高二女生的学校一直没有复课，之前一对一的线下辅导也暂停了。当时已经进入备战高考的关键时刻，她丝毫不敢放松，就在家里学习线上辅导课程。在线上课程中，每一个知识点都会有相关的习题讲解，每一个选项都会有分析。这些在线课程都来自猿辅导在线教育。

2020年年初受新冠肺炎疫情影响，全国有近3亿学生无法返校，只能在网上学习。一时间在线教育平台用户量激增，而前所未有的挑战也扑面而来。猿辅导在线教育决定细化课程方案，量身定制各学段各科目教学大纲，深入打磨更新课程体系和内容。

猿题库是猿辅导在线教育推出的智能题库，是运用大数据、人工智能等技术，根据每个孩子的特点，打造难易程度适当的题目，既不会因为太难而打击孩子的自信心，又能帮助孩子在原有能力上进一步提升。疫情爆发后，全国中小学生在猿题库App练习题目数单月超过7亿道，每题练习30多亿次。猿辅导通过现代科技让教育学习的方式不断个性化。

　　该平台上的一位语文老师说，网络课程与学生们线下在学校上课相比，最大的不同就是学生可以随时退出，要吸引学生的注意力，就要求老师对课程进行设计，因此每次上课她都会有针对性地备课。对于宅在家的高二女生而言，针对性强的网络在线学习不仅能有效地提升她写作业和解答考试题的能力，还能帮助她掌握新的答题思路和新的思考方式，而且可以降低学习成本。

　　疫情期间，研发人员开始基于原有技术积累不断推出新课程。以针对 2～8 岁的付费儿童智能英语课为例，该课程不仅能在游戏中互动教学，还能通过"金币奖赏"的方式及时纠正儿童的错误读音，并在一定程度上培养儿童的生活习惯和控制能力。如果儿童读得好，课程会自动给星星（金币），积攒的金币可以兑换很多礼物，从而督促儿童努力地学课程。而这个"延迟性满足"又会延展到儿童的生活中去。比如，以前有吃的东西在手边儿童一定要把它吃掉，但现在可能会想今天不吃，明天可能会有两个，从而提升了自我控制能力。

　　这些新产品的推出就是研发人员与时间赛跑抢出来的。要让课程更智能、更有趣味性，就需要让电脑具备识别声音、处理图像信息、阅读理解的能力，像人的大脑一样处理事情。而且在网络数据的传输上，还要确保传输过程中数据不丢失、不混乱，做到及时同步传输，不出现延迟、卡顿等滞后现象。一个个技术难题摆在了研发人员的面前。通过攻克技术难关，这一人工智能课程终于上线了。上线之后，技术人员仍需要不断地进行持续研发、升级、迭代。为了让孩子们上课时有更好的使用体验，工程人员也一刻不敢懈怠。

例2　市面上，一种"玩具＋有声故事"的新事物受到了不少小朋友的喜爱。讲故事时，故事的声音就像在小朋友眼前放动画片似的。这就是凯叔讲故事App中的有声故事。凯叔讲故事线上音频平台专注于儿童服务，通过内容付费方式来盈利。在2020年疫情防控期间，凯叔讲故事每天新增用户数量最高达50%。为了满足不断增长的用户需求，公司的创作团队也在不断推陈出新。从疫情防控动画片到儿童有声玩具，每个开发小组都在不停忙碌着。

儿童有声玩具实际上是一个新型的人偶故事机，由一个公用的底座和可以在上面更换的人物组成。每个人物代表一部故事，如孙悟空讲西游记第一部故事，猪八戒讲第二部等。这样的设计对于用户而言，重新购买新故事（产品）时的成本会降低。此外，还有很多小朋友也通过网络投入新作品的创作中，成了讲故事的小能手、唱儿歌的小主播。

为了确保上市的每一个儿童故事产品的质量，创作团队专门成立了一个产品质量控制会，由编剧、美术、动画、戏剧、文学等方面的专家、资深人士组成评委会现场直接指出缺点和薄弱环节。每推出一个形象，都要经过好几轮打磨，通常第一轮 90% 的项目都会被刷下来。虽然团队成员已由最初的几个人扩充到了500 人，但反复打磨、严控品质，一直是这个创作团队的初心。[①]

数字技术的支撑与赋能

通过上面两个小例子可以看出，不论是猿辅导还是凯叔讲故事，其商业模式的实现都依托了数字技术（数据技术、网络技术和计算技术）的有效支撑和赋能。

以猿辅导为例，针对不同的学生层次（如儿童、高中生）开发产品时必须用到不同的数据技术、网络技术和计算技术，才能使产品精准地满足客户的需求。

比如，针对高二学生复习用的产品要能更好地提升学生写作业和解答考试题的能力，还要让学生掌握新的答题思路和思考方式，并促进学生重复地复习。而针对儿童开发的产品，则需要具有较高的趣味性，并能在一定程度上培养孩子的生活习惯和控制

---

① 　资料来源：央视经济频道《中国财经报道》，有删减。

能力等。不同的产品要求对数字技术提出了不同的挑战，如网络带宽、数据传输的乱序乱码问题、儿童语料库的构建问题等。这些都需要从三大技术的角度进行有针对性的探索和研发。

价值挖掘的新特征

在数字经济环境下，由于有数字技术的支撑与赋能，企业的经营管理活动显示出一系列新的特征。

因为商业模式是从全供应链角度考虑如何给客户创造价值的过程，因此从商业模式的角度，在数字经济环境下创造价值的新特征可以从需求方和供给方分别来看。

从需求方来看，在数字经济环境下，由于有网络技术（如互联网、移动互联网、物联网等）的广泛连接和精准的企业内外部环境以及客户需求/参与（大）数据及其计算分析技术的有力支撑，企业可以方便地给客户提供精准、跨界、融合、客户深度参与的产品与服务开发和供给模式，进而给客户带来个性化的体验价值，但这同时也使供给方面临新的挑战。

我们先来看针对需求方价值挖掘表现出的新特征：精准、跨界、融合与客户深度参与。

7.2　精准、跨界、融合与客户深度参与

"精准"的特征

以猿辅导为例，针对不同的学生层次（如儿童、高中生）有针对性地开发产品就是"精准"地挖掘客户价值的过程。

随着互联网、大数据等的发展，"精准"一词是最早也是最被大众所普遍了解和关注的，如我们耳熟能详的精准营销、精准灌溉、精准施策、精准防疫等。"精准"已经在人们生产生活的各个领域普及开来，应用非常广泛。

一个"精准"的例子

例如，某乳品企业认为数字化转型主要就是实现"精准"，因此针对如下三个问题使企业供应链中的较多环节都通过数字技术实现了一定的"精准"。

第一个问题：在奶牛的养殖环节，企业养了很多奶牛，但并不知道奶牛当前的健康状况到底好不好。而奶牛的健康状况、情绪好坏等因素对奶牛的产奶量、奶产品质量都非常重要。

如果在奶牛养殖和产奶过程中能够清楚地了解这些因素的变化，将有助于企业的产品质量得到控制和提升。很明显，采用物

联网计步器技术就能实时监测每头奶牛每天的活动量，如每天走了多少步，从而判断其健康状况。一般来讲，奶牛每天走路步数如果达不到平均数，就说明奶牛可能生病了。奶牛一旦生病，可能就需要被隔离，这时企业要及时去处理。如果奶牛走多了，可能是发情了，而发情了就要配种，不然奶牛也会出问题。

还有，如果奶牛要生产了，尾巴可能会翘起来。基于这个思路，可以在牛尾巴上装一个重力感应的仪器进行监测，如果尾巴翘起来，就知道它要生了，需要赶紧把它赶到合适的地方。

第二个问题：在牛奶的销售环节，企业发现消费者都想买到新鲜的牛奶，但是牛奶是否新鲜，需要企业根据各方面的数据进行预测后确定牛奶的产量。比如，企业在什么时间能生产多少牛奶？各大超市什么时候进货？进货量和仓储量是多少？这些都会直接影响牛奶的新鲜程度。

换句话说，要想保证消费者喝到新鲜的牛奶，必须做好整个供应链系统运营过程中的预测。因此，乳品企业面临的一个核心问题就是预测。当然，企业数字化转型中，预测本身是一个难点，任何企业都面临这个难题，我们在前面也多次提到过。如何更加合理地预测销量？如何降低库存？乳品企业希望探索一个新的思路，将原来基于历史订单的人工预测方法转变为基于实时销量的智能预测方法。

第三个问题：企业生产的牛奶到底卖给了谁？他们有什么样的消费特点和习惯？企业能否精准地描绘出购买牛奶的消费者的客户画像？众所周知，市场营销中的一个重要内容是客户画像。客户画像是描述消费者在某一段时间内消费行为的一些相关数据。以前乳品企业并不太关注客户画像，在销售产品时数据获取不太精准，以至于广告投放甚至产品的投放量都有很大的误差，因此希望通过数字化转型解决这一问题。

如果能够挖掘出牛奶的销售去向，就有可能实现精准营销。乳品企业过去做销售活动时，往往要通过多个广告代理商，导致各种促销的数据都分散在代理商手中。代理商不可能把这些数据汇总提供给乳品企业。这就造成了数据的分散，没有将数据很好地集中沉淀下来。现在有了数字技术，能够方便地构建智能营销体系，先采集数据，然后识别数据、分析数据，最后进行预测和决策，即可解决这一问题。

例如，今天某品牌的纯牛奶有 20 万人购买，如果数据能监测到这 20 万人分布在什么地方、每个人的数据标签（画像）是什么样的，那么明天销量变成 30 万人，就能知道这 30 万人里有没有昨天购买的 20 万人，消费者的数据标签是否发生了变化，等等。

理想情况下，通过数据监测，可以分析出每个消费者在不同时间点上的数据标签的变化，进而预测其未来可能的需求趋势，这对于乳品企业制订营销计划和方案是非常重要的。

"精准"三角形

如前所述，在商业模式方面，精准营销更多的是从需求方的价值提升角度来探讨的。然而，如果我们的产品或服务不能"精准"地提供出来，显然"精准"营销是很难实现的。因此，从供给方的角度来看，实现"精准"运营的作用不言而喻。但对企业而言，精准运营和精准营销最终还是由企业"精准"的战略定位决定的。

"精准"战略（定位）、"精准"运营和"精准"营销构成了企业商业模式设计中的"精准"三角形，如图7-1所示。也就是说，企业在设计"精准"的商业模式时，必须同时考虑"精准"战略（定位）、"精准"运营和"精准"营销三个方面，而不能只关注精准营销。

通过上面两个例子可以看出，不论是"精准"战略（定位）、"精准"运营还是"精准"营销，"精准"都是围绕价值的三大法宝展开的。可以说，"精准"是围绕"三大法宝"中"质量、交货期、成本"展开的细化指标。"客户画像"也是围绕"三大法宝"展开的细化指标。由此可以看出"三大法宝"在整个企业管理及数字化转型中的重要作用。

同时，从模式角度来讲，"精准"的最终表现也就是"个性化定制"。

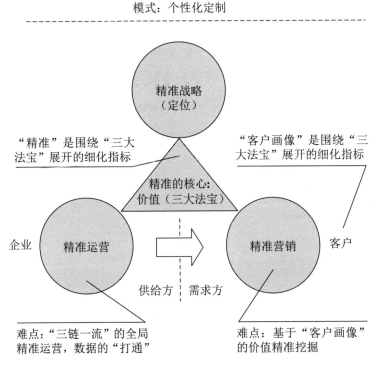

模式：个性化定制

精准战略
（定位）

"精准"是围绕"三大法宝"展开的细化指标

"客户画像"是围绕"三大法宝"展开的细化指标

精准的核心：
价值（三大法宝）

企业　精准运营

精准营销　客户

供给方　需求方

难点："三链一流"的全局精准运营，数据的"打通"

难点：基于"客户画像"的价值精准挖掘

图 7-1　"精准"三角形

重要分析工具"三链一流"

在上述精准三角形中，"精准运营"显然不是一个环节的活动能够实现的，需要上下游多个环节共同实现，比如，对精准运营而言，其中必然包括"精准"的产品研发、"精准"的产品设计、"精准"的采购、"精准"的库存、"精准"的产品制造、"精准"的产品运送等多个环节。而精准营销实际上也是由多个环节实现的，其中可能包括"精准"的营销策略（包括产品、价格、渠道、广告等）设计、"精准"的客户关系管理、"精准"的全生命周期服务（售后服务）等。

因此，企业在做"精准"的时候，必须全流程进行考量和分析。这里的流程是包括企业内、外部的全面流程，也就是从产品起点一直到消费终点的全部活动，实际上也就是本书前述企业产品的供应链网络（运营系统）所界定的系统范畴。

实际上，用来全面分析企业管理问题的思路与方法并非只有全面把握"流程"这一个方面。与此类似，我们常提到的企业的供应链、产业链及价值链等在研究范畴和图形表示方面都具有同样的作用。简单来说，就是我们针对这三条"链"和"流程"画出的图基本是一样的，其起点、终点以及中间经历的环节、涉及的对象基本一致。这里，我们称之为分析企业管理问题的"三链一流"。

然而，尽管"三链一流"在研究范畴和图形表示方面具有一致性，也都可以用来全面地分析和研究企业管理问题，但四者研究和关注的角度是不同的。其中，供应链是从供需之间关系的角度研究的，产业链是从产业上、下游之间关系的角度考虑的，价值链强调的是价值创造的问题，流程强调的则是活动之间的衔接关系，如图 7-2 所示。

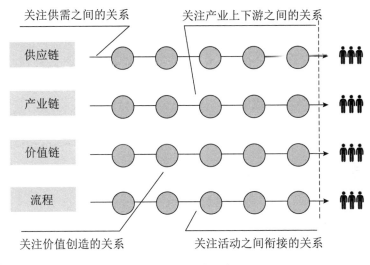

图 7-2　三链一流

因此，除了都可以作为全面分析企业管理问题的思路和方法之外，四者也有各自的基本应用场景。

比如，在企业战略管理中进行内部环境分析时应该使用"价值链"，因为要通过比较"价值"来寻找优劣势；在运营管理中进行流程优化时应该使用"流程"，因为要对流程中的活动进行重新梳理和安排；在研究新冠病毒肺炎疫情对企业物资供给的影响时应该使用供应链，因为要分析如何保证企业的供应链网络不中断；在研究数字经济环境对某个具体行业中的企业产生的影响时应该使用产业链，因为不仅要考虑数字技术对行业中某个企业的经营管理的影响，还需要考虑数字技术对企业所在产业的上下游其他企业的影响等。

在这里，我们概括出"三链一流"的思路和方法，为读者全面分析企业管理和数字化转型问题提供了思路、奠定了基础。

实现"精准"的难点

通过上述例子可以看出，"精准"的实现，更多的是从技术角度支撑起来的。但"精准"往往也是任何主体（如政府、企业等）在进行数字化转型时最先想到的特征，也是相对比较容易理解和接受的。

然而，不得不思考的问题是，由于现阶段的技术限制，特别是硬件传感器技术的制约，"精准"在很多情况下虽然容易实现但效果并不理想。

举一个某高校学生食堂的例子，几年前开发的无人化自助取餐系统现在已经退化到需要由食堂工作人员操作的地步，因为设备已经无法很好地识别餐具背后的芯片数据了。

因此，"精准"一方面给数字技术的应用带来了广阔的天地，另一方面也带来了技术上的挑战。企业需要不断在技术上进行研发和创新，才能更好地让"精准"创造出价值。

"跨界、融合"的特征

针对前文提到的凯叔讲故事的例子，我们将该商业模式设计与传统环境（非数字经济环境）下的讲故事模式（如单田芳讲评书等）进行比较会发现，除了前面提到的"精准"特征之外，还有其他一些明显的特征。

其中，容易给我们留下深刻印象的是，凯叔讲故事除了提供故事产品本身之外，还提供儿童有声玩具产品。这种故事玩具产品在文化行业常被称为"周边产品"。

很明显，凯叔讲故事是属于文化行业的企业，而儿童有声玩具产品则属于制造业企业的业务范畴。一个文化行业企业做了原本属于制造业企业做的事情，这就是数字经济环境下"价值"创造的又一个重要特征——跨界。所谓跨界，就是某主体做了原本不属于该主体应该做的事情。

显然，企业做"跨界"的事情（活动），必然有可能给客户带来跨界的价值。然而，做任何活动都是有前提的，那就是资源。要想做"跨界"的事情，必须有"跨界"的资源。

因此，如何将"跨界"的"资源"获取（组织）回来，并利用这些"资源"（领导和控制）来创造价值，是企业必须思考的重要问题，这个过程也就是融合的过程。可以说，"跨界"与"融合"是分不开的，"融合"是"跨界"的前提。

"跨界、融合"的思想正是本书前述"三维驱动 - 五位赋能"模型中"理念驱动"（"互联网+"思维）的核心思想，也是数字化转型区别于传统的信息化改造的重要特征之一。

"跨界、融合"的方向

从方向来看，"跨界"与"融合"主要分为如下三种情况，即横向的"跨界、融合"、纵向的"跨界、融合"及混合的"跨界、融合"，如图 7-3 所示。

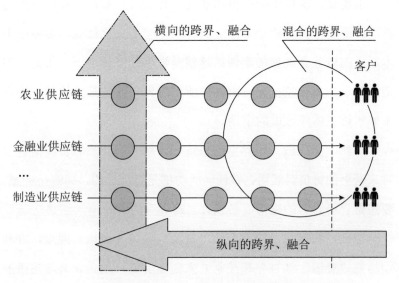

图 7-3　跨界、融合的方向示例

　　横向的"跨界、融合"是不同行业（业务）之间的跨界、融合；纵向的"跨界、融合"是同一行业（业务）"三链一流"上下游之间的跨界、融合；混合的"跨界、融合"是既包括横向的，又包括纵向的"跨界、融合"。

　　例如，很多中小企业聚集的区域比较容易形成产业集群。在这些地方拓展产业互联网的应用具有一定的资源和市场机会。比如，对于纺织行业企业聚集的某地区而言，大量的中小纺织生产企业面临的一个难题是融资难。针对这一问题，该地区的某产业互联网服务企业通过开发能够及时监测这些中小生产企业设备运转情况的装置（如通过监测机器设备的电源，可以分析该企业是否在持续运转、是否有长时间停工现象等），即可获取中小企业的运行情况。通过与地方银行对接，将分析出的中小企业运行情况作为银行贷款时授信的依据，可以在一定程度上缓解中小企业融资难的问题。

　　由于针对机器设备监测出来的数据不仅可以供对象企业用来提升其监测能力，还可以与银行对接提升融资价值，这显然是一个混合跨界的例子。

　　类似上述这种与金融行业跨界融合的例子并不鲜见，在很多行业都得到了应用。本质上，这种模式与供应链金融的模式类似。我们不能说通过这样的操作，广大的中小企业都能解决融资难、融资贵的问题，但最起码这是一个值得探索的途径。因为包括供应链金融模式在内，真正要想解决中小企业融资难、融资贵的问题，最核心的是管理、机制及利益和风险的权衡问题，而不是纯技术解决的问题。

"客户深度参与"的特征

将凯叔讲故事的商业模式设计与传统环境下的讲故事模式进行比较会发现，除了上面提到的精准、跨界、融合等特征之外，还有一个非常明显的特征——"很多小朋友也通过网络投入新作品的创作中，成了讲故事的小能手、唱儿歌的小主播"。

显然，有了现代数字技术的支撑，客户很容易参与供给方产品或服务的提供过程，进一步提升客户的参与感体验价值。

在数字经济环境下，客户参与与一般的"互动"还不太一样。互动是供需双方交互的过程，其中供需双方的界限还很明显。而参与模式下，客户可以更好地参与供给方提供产品或服务的"三链一流"的全过程，以及产品和服务生命周期的全过程。这本身就是一种纵向跨界、融合的模式体现。

以生产企业的客户参与为例。客户可以参与产品的概念构型、产品设计、产品选材、产品生产、产品包装、产品销售、产品售后等全过程，客户伴随着产品"从无到有"的全生命周期成长，使客户的体验价值得到最大化的激发。我们将这样的一种参与称为"客户深度参与"。

新特征下价值创造的难题

从本质上看，上述精准、跨界、融合、客户深度参与等新特征实际上都是在价值的"三大法宝"中展示出来的，因为这些特征的最终目的就是创造"价值"。

为了更好地实现上述精准、跨界、融合、客户深度参与等新特征给客户带来的新体验价值，企业需要在三大法宝的质量、交货期、成本等综合指标中的各个详细指标方面对自己的产品和服务进行打磨。

例如，回顾凯叔讲故事的例子。为了确保上市的每一个故事产品的质量，创作团队专门成立了一个产品质量控制会，由编剧、美术、动画、戏剧、文学等专家、资深人士组成评委会对产品进行现场点评和评选，实现了反复打磨、严控品质的目的。

可以看出，凯叔讲故事团队打磨故事产品的过程实际上就是打磨"价值"的过程。打磨时不能只关注"质量"一个方面的指标，而是要同时关注"质量、交货期、成本"三个方面的指标。这里再强调一下，质量、交货期、成本等都是由各个细分指标合成的综合指标。

例如，对于客户深度参与而言，客户参与产品开发的程度、环节等都是"质量"指标中的具体指标。

然而，尽管精准、跨界、融合、客户深度参与等新特征能够给客户带来新的体验价值，但也给供给方带来了挑战和难题。

如前所述，任何"活动"的开展都需要资源的支撑。精准、跨界、融合、客户深度参与等新特征的实现都需要有对应的业务或者技术资源进行支撑。然而，资源往往是有限的，其归属和用途也是非常明确的，这就决定了资源的获取与利用对任何企业而言都是一个挑战。

对于数字化转型的企业（供给方）而言，"资源"的难题如何解决？这是一个值得探讨的重要问题，如图7-4所示。这一问题将在本章后文中阐述。

同时，我们也看到，在企业数字化转型中进行商业模式设计时，考虑精准、跨界、融合、客户深度参与等新特征的直接目的，就是要提升客户的体验价值。不同客户在这些特征上的诉求显然是不一样的。比如，有的客户喜欢参与供给方的活动，有的客户则希望供给方能主动提供跨界服务等。

因此，围绕这些新特征做深入、做极致，也就是针对不同客户的不同个性化需求予以满足的问题，这就要谈到"个性化定制"这一模式。

如图 7-4 所示，**精准、跨界、融合、客户深度参与等模式最终都体现在"个性化定制"模式上**。

在本书第 8 章，我们将专门讨论"个性化定制"模式，并探讨在数字经济环境下，个性化定制模式与传统环境下的模式是否存在差异。

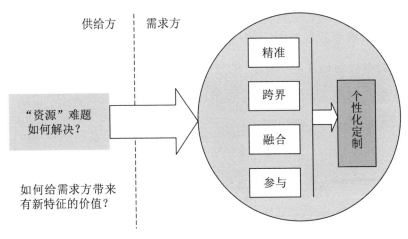

图 7-4　难题如何解决

7.3 企业价值创造的关键——打造场景

如前所述，对于供给方（企业）来说，围绕上述精准、跨界、融合、客户深度参与等新特征的价值创造的挑战主要来自"资源"。因为任何活动的开展都需要"资源"的支撑。在数字经济环境下，要想给不同的客户提供具有不同新特征的价值（如图 7-4 右侧所示），必须依靠相关资源的支撑。

例如，"精准"的活动需要有包括动态客户画像在内的大数据资源、及时传输和存储的网络资源以及智能优化和推荐算法等资源的支撑；"跨界"特征的实现除了需要数字技术资源支撑以外，最重要的是需要"跨界资源"的支撑，如何获取并合理利用跨界资源也就是"融合"的过程。可以看出，对"资源"的获取、配置与利用，是企业在数字经济环境下创造具有新特征的"价值"时需要考虑的关键问题。

为了解决上述问题，企业在进行数字化转型时必须考虑通过何种方式和途径才能更好地获取、配置与利用包括跨界资源在内的各种"资源"。为了说清楚这一问题，下面举两个新零售方面的例子。

例 3 坐落在杭州西溪园区的亲橙里购物中心从外观来看与

传统购物中心似乎并没有太大不同，走进购物中心内部，感觉就有些不一样了。刚一进门，就能看到电梯口立着一个智能导航设备。整个购物中心一共七层，大部分都是围绕老百姓吃喝玩乐的主题店和体验店，传统商场常见的国际大牌和奢侈品店这里几乎没有。

每层楼的店面分布在智能导航设备的屏幕上一目了然，想要去哪家店，只需要扫描二维码，注册会员就可以通过手机实时导航到指定位置，避免了反复询问绕路的麻烦。消费者说，在购物中心找地方有时是一个难点，而亲橙里的商场定位系统提供实时的指引，可以节省时间。

这里的另一个特点是互动娱乐设备多，几乎在商场的每个角落都能看到自助抓娃娃机和创意自拍机，很受年轻人和小孩子喜欢。这些机器支付也很方便，刷脸就可以，机器会通过人脸识别技术自动匹配用户信息，进行后台结算。更加新鲜的是商场内几乎无处不在的智能互动屏幕，屏幕的特点是千人千面，不同的人站到前面，后台会通过大数据自动识别用户特征，并分析购物偏好，实时推荐不同类型的产品信息。小姑娘站在屏幕前，屏幕推荐的是角色扮演信息，换成记者，屏幕上的内容则变成了健身运动的画面。而看起来普通的广告屏背后也暗藏玄机，当有人靠近的时候，它就会自动变成一个体感游戏机，消费者逛累了可以在这里活动一下筋骨。

来到智能科技体验店里，各种新奇的花样就更多了。在智能家居体验区，通过智能语音设备动动嘴就可以控制全屋的家电。在声音邮局体验区的房间录制一段祝福的话，系统会自动将语音转化成声波图形，并生成一张带有独特声纹的明信片，亲朋好友收到明信片还可以通过扫描二维码的方式将声波纹样还原成语音。全景视觉体验区给人一种时空穿越的感觉，通过投影技术对空间进行布控，这里营造出了一个超现实的沉浸式体验空间。

在亲橙里购物中心，科技元素和标签几乎无处不在。位于二楼的大屏幕可以实时显示商场的人流和车流数据，每个区域的客流密度及商场的空气质量信息也都一目了然。这里一是玩儿的多，二是吃的多，包括盒马鲜生在内，各种类型的餐饮区几乎占到整个购物中心的一半。

除了吃和玩，这里还有一个重要特色，那就是线上网红店的线下体验店多。在一家主打少女服饰的主题店，一块智能试衣镜格外引人关注，消费者可以通过体感互动的方式为自己选择合适的衣服。通过这套 3D 体感服装搭配系统，消费者可以实时看到各种款式衣服的上身效果。通过这套虚拟试衣系统，消费者还可以将自己衣服的搭配效果与网红卖家秀进行对比，找到自己最满意的选择。

以前消费者在淘宝上看中一些商品，可能不确定它的质量，而在这里，消费者可以摸到它，价格和线上还是同步的，而且线上有优惠的话线下也可以享受。如果消费者不想自己把它拎回家，店里也会提供邮寄服务，从而给消费者很轻松的购物体验。在这个大屏幕上还有各款衣服的网购评价指标，可以给消费者现场购物更多参考。这里的店面大多是在网上有很高人气的网红店，工作人员介绍，将网红店从线上开到线下是为了依托阿里巴巴消费大数据，实现线上和线下相互引流。此外，他们希望通过人脸识别、云货架、虚拟全景试衣系统等创新技术的运用提升现场购物的效率和体验。

事实上，这里正在成为阿里巴巴旗下众多电商品牌集体从线上往线下拓展的新零售试验田。在一楼正对大门最显眼的位置，是阿里巴巴全新推出的自营零售品牌淘宝心选。这是一家生活方式集合店，商品大到行李箱、厨具，小到拖鞋、纸巾，涵盖了日常生活的方方面面，整体产品陈列也是围绕家居生活场景进行的，简约的设计风格吸引了不少年轻消费者。

吸引消费者的不仅是风格独特的创意，让其印象更深刻的是店里全程自助的购物体验。消费者无须销售员介绍，自己就可以了解商品的特点和卖点，结算也很清楚，不需要去问很多人。

在这家店里不仅支付环节全程不需要人工参与，商品推荐也可以通过智能设备互动体验来完成。阿里巴巴集团淘宝心选总经理介绍：店里有一些测试型项目，比如当消费者拿起一个杯子时，屏幕会立刻播放该商品的小视频，介绍在什么场合如何使用这个杯子，包含其价格及功能是什么等。这其实承担了传统零售店中销售人员的作用，把人为的推荐变成了利用设备自助进行准确的而且有互动感觉的推荐。

现场随手拿起一件商品，从款式到材质，从设计到工艺消费者都清清楚楚。与传统的零售渠道只负责卖货不同，这家店里所有商品的研发、设计、制造，阿里巴巴全程都会深度参与，这就是其定义的"制造型品牌零售商"模式：从生产端到经营端再到前面零售端，所有的数字全部是打通的，基于用户侧的精确的数字分析调动整个供应链侧，从商品的企划、商品的开发到商品的供应去满足前端的用户需求。

阿里巴巴对于新零售的定义和理解是通过互联网与大数据重构人、货、场的关系。新零售绝不是在线下开实体店这么简单，而是希望探索一种新的商业模式，将线上和线下打通，将设计、制造和零售打通，为消费者提供真正优质的产品和服务体验。

例4　某调查员一大早赶到位于北京市朝阳区的购物中心，想要调查商场超市零售业态的变化。这次现场调查主要是想了解消费者对于新零售的感知度、接受度、满意度及期待改善的方面。

在超市转了一圈，他发现最直观的变化在收银区，除了传统的支付柜台外，这里设置了一个自助收银区。此外，在该超市还可以使用扫码购。所谓扫码购，就是消费者在选购商品时可以通过手机 App 实时扫描商品旁边的二维码进行支付，出超市的时候核验一下即可，大大节省了结账环节的时间。

如果嫌累，消费者不想自己把商品带回家，超市可以提供 3 公里内 30 分钟送货到家的服务，如果连门都不想出，也可以在家里通过手机 App 下单，等待 30 分钟送货上门。

除了支付部分，该超市还有一个重要的变化是与吃有关的。除了传统售卖区外，超市还有不少美食工坊，消费者可以边逛边吃。事实上，更大的变化发生在超市二楼。二楼出口隔壁的"超级物种"格外显眼。进入店内，这里给人的感觉有点儿四不像，说超市不像超市，说餐馆不像餐馆，说水果店不像水果店，说海鲜市场也不像海鲜市场。整个店面大概有 1 000 平方米，仅餐饮和休闲区就占了近 1/3，围绕在餐饮休闲区周围的是各种各样的美食工坊、海鲜区、水果区、酒水饮料区、日用百货区，一应俱全。

据该超市北京区负责人讲，超级物种是他们基于原有的超市供应链体系，以用户体验为核心打造的全新零售场景。包括扫码购、现场自助支付、30 分钟 3 公里配送服务在内的各种场景的消费服务模式，该超市与超级物种是全部打通的。

在海鲜区，一个龙虾版的抓娃娃机吸引了不少消费者的关注。在他们看来，新零售就是要不断尝试各种方式去满足消费者的需求，创造新的体验。[①]

我们从供需关系的角度来比较上述新零售案例与本章前述提到的在线教育案例，如图 7-5 所示。

在在线教育的例子中，不论是猿辅导还是凯叔讲故事，供给方是一家企业，而需求方则是众多不同的客户，企业根据不同的客户个性化需求提供个性化产品，给客户带来价值。尽管这些企业的商业模式中融入了"精准、跨界、融合、客户深度参与"等特征，但相对来讲供需双方之间的关系较为简单，是一对多的供需关系。

我们再来看前述新零售的例子，不论是在新零售购物中心还是在零售超市，供给方和需求方的关系显然要比猿辅导和凯叔讲故事中的供需关系复杂得多，是一个明显的多对多关系。

---

① 资料来源：央视经济频道《中国财经报道》，有删减。

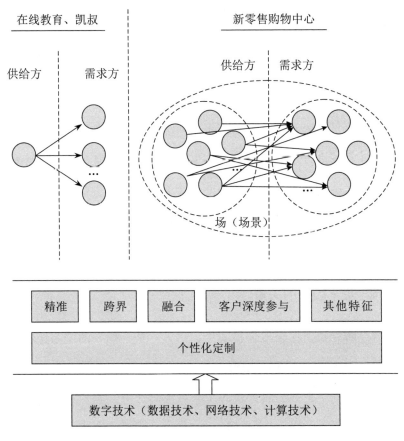

图 7-5 理解场景的价值

复杂的供需关系

例如，从供给方来讲，在新零售购物中心或者零售超市销售商品或服务的企业显然不止一家，而从需求方来讲，购买商品或服务的也显然不只是一个消费者。每一个供给方都不可能确定哪个消费者会购买自己的商品，同理每一个消费者也不可能确定自己到了购物中心以后一定只买一个供给方的商品。

众所周知，创造经济价值的本质是"交易"的过程，交易实现的前提是供需双方关系的构建和理顺。

针对这种复杂的、多对多的供需关系，如何才能建立多个供给方与多个需求方之间良好的交易关系，让供给方资源与需求方资源更好地匹配，进而创造更大的价值？这显然是一个值得企业认真思考的问题。

"人-货-场"的关系

众所周知，在新零售模式中，"人-货-场"的关系至关重要。我们如何才能更好地理解这一关系？

从如图 7-5 所示的复杂的、多对多的供需关系来看，如果我们把供给方视为提供"货"的一方，把需求方视为需求货的"人"，那么必须有一个能够将多个供给方与多个需求方之间的交易关系连接起来，让不同的供给方资源与不同的需求方资源更好地匹配起来，进而创造更大价值的纽带，这个纽带就是"场"。

这个连接供需双方的纽带——"场"，也就是我们常说的"场景（Scene）"。可以看出，"场景"也就是平台，其对企业在传统环境下和数字经济环境下的商业模式创新都具有重要意义。在传统环境下，企业也要考虑如何实现供需双方资源之间关系构建与理顺的问题，只不过关系相对简单。

同时，"场景"也就是平台，平台的最大属性是给在平台上活动的资源带来广阔的天地和舞台，资源可以在平台上尽情发挥、创造价值。

平台，就像一个平整的运动场一样，在这里我们可以跑步、跳绳、竞走、踢足球、打篮球、打排球……可以做我们想做的一切活动（事情）。

"场景"对企业数字化转型的重要性

在数字经济环境下，由于有数字技术的支撑与赋能，企业对资源获取与利用的广度和深度得到了进一步加强。

如前所述，在数字化转型过程中，在"互联网＋"理念的驱动下，企业的经营管理活动很容易打破行业的界限、打破企业的边界、打破供需的界限，资源的"跨界"利用不仅体现在对跨行业、跨业务的资源利用上，对客户的资源利用也涵盖在内。"客户深度参与"本身就是一种纵向跨界和融合的表现。

可见，为了实现"精准、跨界、融合、客户深度参与"等新特征的价值，企业必须考虑如何才能理顺跨行业、跨地域、跨业务、跨供需的各种资源之间的关系，让这些资源得到充分的共享和利用，发挥"1+1>2"的协同效应，就必须构建一个"有利于链接和聚集（这里的聚集是广义概念，并非是指在一个具体和固定空间中的聚集）各种资源，有利于协调和理顺资源之间的关系，有利于实现资源相互充分共享和利用"的"场景"，如图7-6所示。

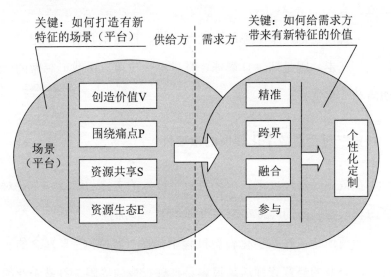

图 7-6　数字经济环境下商业模式创新的关键

"场景"的打造是企业在数字化转型过程中实现新的商业模式价值创造的关键，具有重要的意义和价值。

当然，对于"场景"的理解，要宽泛一点，"场景"并不一定是一个地理空间的场地，只要能有效地衔接和理顺供需双方资源（甚至包括其他主体的资源在内）之间的关系，能够更好地发挥资源的价值，就是场景。场景的实现形式也多种多样，如线上的场景、线下的场景、线上线下融合的场景等，如某一款网络软件、手机 App、学校、旅店、图书馆、电影院、购物中心、产业园区、工厂、餐馆、机场、飞机、高铁、实体店、营业网点、充电桩、加油站等都是场景。

例如，对银行而言，随着电子支付的普及，到营业网点办理业务的人越来越少，这时可以考虑不在营业网点这个场景上投入太多的资源，而将资源投入消费者更为关心的场景，这样才能更好地创造价值。随着手机银行的普及，将更多的资源投入手机银行的开发及功能的创新上，使手机银行更加安全、操作更便捷、智能化程度更强，甚至针对老年人开发出安全、方便的手机银行产品，肯定会得到消费者的青睐。

企业最怕做无用功。无用功就是明知道在某处投入不会有回报，还要在此处投入。要想杜绝无用功，必须自己研究和分析自己的问题。如果直接照搬其他企业的做法，很容易导致无用功，因为其他企业在做这件事时也许根本没有想清楚要"干什么"。

7.4　场景打造的关键要领——共享与生态

根据上述分析，企业在进行数字化转型的商业模式创新时，可以参考如下四点关于场景打造的建议：

（1）打造场景的直接目的是给供需双方及社会创造更大的价值；

（2）场景的打造需要考虑供需双方的"痛点"（甚至包括社会的痛点），否则很难创造价值，导致做无用功；

（3）场景的打造要能最大化地实现各种资源的充分共享和利用；

（4）场景的打造要有利于资源生态的构建，这样才能最终实现资源的共生、共荣与共创。

上述"**价值**（Value）、**痛点**（Pain point）、**共享**（Sharing）、**生态**（Ecology）"是本书提出的"**场景**（Scene）"打造的四大核心要点，简称 VPSE。

首先，如果场景的打造不是为了给供需双方及社会创造更大的价值，那么这个场景还有什么意义？就像前面提到的，现在很少有消费者去银行网点办业务，银行不应对该场景进行更多的资源投入，而应将资源投入更需要资源的场景，如手机 App 的开发等。

　　其次，要想创造价值，应围绕问题和痛点下功夫。如果场景的打造不能很好地解决痛点，反而创造了新的痛点，显然没有任何意义。现实的企业数字化转型很大程度上是在创造痛点。当然，转型的初衷也不是创造痛点，但因为所要解决的问题没有经过很好的分析，或者对技术不够了解，或者现有技术手段不够成熟等，导致将原本要解决的痛点变为更大的痛点，或者人为导致了新的痛点。

　　再次，场景的打造应有助于实现资源的共享。资源共享是资源利用最大化的有效形式，现实中，就是因为社会上的资源不能很好地共享而造成了资源的浪费（如空置的车位、返程空载的车辆、闲置的厂房、没有得到充分利用的数据中心等），同时也导致了社会总体碳排放的增加。

　　最后，场景打造的终极目标是打造一个"生态"场，只有这样，才能在资源充分共享的基础上更好地实现资源的共生、共荣与共创（共同创造价值）。

7.5　元宇宙的本质是"场景"的创新

　　近年来，随着消费理念的变化，人们对消费体验价值的需求进一步增强，沉浸式体验也在逐渐兴起，出现了 Web3.0、NFT、元宇宙等新的概念。基于元宇宙的理念和模式创新也逐渐从游戏、文博等领域拓展到其他传统领域。

例如，2022 年 4 月，三只小牛联合 ODinMETA 元宇宙平台，发售首款 NFT 数字藏品"睡眠自由 BOX"，受到"元宇宙居民"的热捧。这是三只小牛首次为功能牛奶注入虚实交互创新，为消费者的饮奶自由探索出了一种实体牛奶 +NFT 数字藏品 + 私域引流闭环的创新模式，提供健康好奶并号召人们关注品质生活。三只小牛作为中高端功能牛奶新标杆，致力于挖掘消费者专属需求并提出定制化解决方案。在科技快速发展的今天，三只小牛拥抱元宇宙趋势，入驻国内知名元宇宙平台 ODinMETA。而 ODinMETA 已经汇集了国内一大批追求前沿技术、喜爱尝鲜的"元宇宙居民"。此次与该平台进行深度合作，正是三只小牛品牌创新内核的体现。

首发 NFT 数字藏品"睡眠自由 BOX"则是洞察"睡眠障碍"成为社会流行病的现状，并瞄准在现实生活中难以解决、转而在元宇宙中寻找疗愈的部分消费人群。三只小牛根据这些专属特性结合睡前 30 分产品与元宇宙"数字空间"概念，推出了"睡眠自由 BOX"数字藏品盲盒。

在"睡眠自由 BOX"中，消费者可以利用藏品道具化解"元宇宙问题"，也可以将藏品兑换为一箱真实的睡前 30 分牛奶。兑换牛奶后，消费者还可以进入三只小牛私域，享受专属客服和营养师提供的一对一私人定制化科学饮奶方案。这就是三只小牛的实体牛奶 +NFT 数字藏品＋私域引流闭环的创新模式。通过新的内容表达方式，深耕人们的内心需求，与消费者建立深度连接，以数字化内容形式为产品带来好玩、新奇的内容场景，拉近品牌与用户间的距离。

当然睡眠问题并非当代人群的唯一个性化需求，三只小牛正在洞察和探索消费者的更多专属需求，目前已开发了多种定制功能产品：通过 DNA 基因筛选只含 A2 β - 酪蛋白的 DNAA2 牛奶，增加肠胃舒适体验；针对青少年、老年人对补钙的更高需求，富含高钙和维生素 D 的荷斯坦高钙牛奶；面向控重人群的 0 脂肪、0 乳糖、0 添加蔗糖的三零牛奶；针对乳糖不耐受人群的 0 乳糖的亲和软牛奶。

基于专属定制的牛奶功能，三只小牛在 ODinMETA 元宇宙架设了一座"三位一体"平行空间"万能牛奶 BOX"（三位一体空间即荷斯坦空间、A2 空间、娟姗空间），分别由牛小荷、牛小娟、牛小珍掌控，其中容纳着具有各种功能的牛奶 BOX。当"元宇宙居民"需要某种功能加持时，空间掌控者（三只小牛）即可将用户传送至对应 BOX 中，用其中的 MILK 道具化解问题。未来三只小牛会推出更多合作牛奶 BOX，为消费者解决专属饮奶问题。

此次拥抱元宇宙的成功尝试，让三只小牛看到通过创新方式解决消费者专属难点、痛点的更多可能性。从专注"养好牛，产好奶"到"研发创新产品，探索创新模式"，树立好功能牛奶新标杆，三只小牛将不断尝试，为国人打造更多适合自己的功能牛奶。[①]

元宇宙（Metaverse）一词是由 Meta（超越、元）和 verse（宇宙）合成的，源于尼尔·斯蒂芬森（Neal Stephenson）1992 年出版的小说《雪崩》。元宇宙是与现实世界相互关联的虚拟世界，是高度沉浸式的数字环境。

元宇宙在本质上是一个"场景"，是通过理念、模式和技术手段进行场景创新的产物。一般来说，为了更好地给消费者带来沉浸式体验，可以运用 5G、VR（虚拟现实）、AR（增强现实）、MR（混合现实）等技术构建三维元宇宙场景，但元宇宙并非必须在三维场景中才能实现。

比如，在游戏领域，我们将同样的逻辑赋予平面二维游戏场景，也可以打造元宇宙场景。对企业而言，元宇宙模式的重点不

[①] 资料来源：消费日报，有删减。

在于三维还是二维，关键是在这个场景中，能够给客户带来什么样的价值体验，沉浸式体验无非是深度体验的一种形式。

因此，在元宇宙场景下，能否深度挖掘客户当前的和潜在的需求，为客户提供个性化的沉浸式体验，进而创造客户满意的体验价值是决定该模式成败的关键。当然，这一逻辑也是任何商业模式创新的基本逻辑，并不新鲜，只是在不同的场景卜，所用的支撑技术不同，其表现形式也不同。

企业数字化转型需要"敬畏"技术

如前所述，企业数字化转型是用数字技术支撑和赋能企业的经营管理活动，进而更好地创造价值的过程。企业在数字化转型中，始终要围绕"干什么"和"怎么干"对转型活动进行研究和指引。必须明确数字技术（包括关联技术）能干什么、不能干什么，通过技术赋能到底能给企业及其他各方带来什么价值等一系列问题，切不可盲目照搬、乱干蛮干。

在数字经济时代，我们必须"敬畏"技术，也就是说任何技术的发展都是受时间制约的，不同时间点上的技术水平所能支撑和赋能的活动范畴、活动的内容及能实现的赋能目标等都是不同的。"敬畏"就是要遵循技术发展的客观规律，不能主观地认为"技术无所不能"。在技术不成熟的情况下，强行做超越技术水平支撑的事情，或者技术虽然成熟但去做超越技术支撑范围的事情，往往不会长久，应该尽量避免。

在企业数字化转型中，做到"敬畏"技术，主要应做好三点：一是要深刻了解技术；二是要合理运用技术；三是要不断创新技术。

首先，要深刻了解技术，即了解技术的本质、内涵、应用场景、成熟程度、未来趋势等。不了解技术，自然不知道该技术应该在什么场合使用，使用时会有什么限制，而技术上的制约与限制也往往会限制企业的业务拓展和发展。

以 VR（虚拟现实）数据头盔（VR 眼镜）技术为例。视觉上的三维沉浸式体验应该让人们的眼睛处在一个封闭遮光的空间，不能受到外界光线影响。因此，常见的 VR 眼镜体积都比较大，也有些笨重，容易导致体验不了多长时间就会产生不适的感觉。但从技术角度看，目前这些问题还难以解决，原因就在于 VR 眼镜中必须有一个体积较大的聚光透镜，否则实现不了身临其境的感觉，沉浸体验的效果也就不会好。因此，如果我们设计的元宇宙模式需要依靠 VR 眼镜技术来支撑，其发展和普及可能仍需要一段时间。

与 VR 眼镜技术相比，由于技术限制不太苛刻，AR（增强现实）的应用场景相对较广，而且在 B 端场景的应用明显多于 C

端，在物流、制造、医疗、教育、安防等行业已经得到了一定程度的应用。例如，快递员佩戴的智能头盔可以替代用手机接单和导航，解放了双手，提升了配送的安全性；在工业领域应用较广的智能检测，在提升检测准确性的同时解决了部分人员检测不安全、难检测的问题；在物流领域，运用 AR 扫码眼镜替代手持扫码枪，可以提升作业和盘点效率；在医疗领域，远程诊疗、远程手术等实现了紧缺医疗资源的高效共享等。

因此，AR 的技术特点决定了其更适合作为可穿戴设备使用，但并不是在任何场景下都有很好的效果。比如，当我们试图给消费者提供高度沉浸体验的三维元宇宙场景时，仅仅依靠 AR 设备是很难实现的，必须借助 VR 或 MR（混合现实）技术，而恰恰 VR 眼镜技术及成本上的制约，决定了在一段时间内其模式（特别是 2C 模式）是较难普及的。

但前文也提到，发展元宇宙模式并不是必须将其与 VR 眼镜技术画等号，也不是只有通过高度沉浸式的三维场景创建才能实现元宇宙。对企业而言，元宇宙模式的重点不在于几维，关键是在这个场景中能给客户带来什么样的价值体验。因此，在元宇宙场景下，如何深度挖掘客户当前的和潜在的需求，为客户提供个性化的沉浸式体验，进而创造客户满意的体验价值是决定该模式成败的关键。

其次，企业做数字化转型一定要合理运用技术，也就是要明确什么样的技术能够解决什么样的问题，应该用来解决什么样的问题。如果企业的问题不需要技术来解决，那么盲目上马技术项目就没有意义和价值。就拿部分我们熟悉的自动化厨房来讲，多数自动化设备解决的并非关键问题，也就是并没有通过技术手段释放多少人工。比如，一个炒菜的转筒机构，其功能只是不停地翻转。这明显存在两个问题：一是并非所有的炒菜过程都需要不停地翻转；二是流程中需要耗费大量人工时的活动往往是选菜、摘菜、洗菜、备菜等，而不是翻炒环节。因此，我们应该更多地将技术投入能解放人工的环节，才能更好地创造新的价值。

最后，要不断创新技术。众所周知，当前的技术水平还没有发展到万能的程度。数字技术的三大类技术（数据、网络、计算）在很多应用场景中还有很大的创新空间，特别是数据技术和计算技术。例如，很多企业的档案管理部门希望数字化转型以后能够解决其档案管理的效率问题。但当前市面上成熟的档案管理系统能解决的只是档案资料的相关数据传到系统之后如何分析、处理和存储，而档案管理人员真正的痛点和诉求往往在于如何将纸质档案与数字化系统对接。显然，这一问题需要通过创新与开发新的识别技术、物联网技术等软、硬件技术产品来解决。因此，推进企业数字化转型，不断地进行技术创新是必需的也是必要的，这不仅是解决企业痛点和问题的基础，也给不同行业中深耕的企业带来了拓展新业务的机遇，而这与国家鼓励科技创新的战略举措是一致的。

　　例如，汉王科技是全球最早掌握中文汉字手写输入法且解决了汉字手写输入电脑难题的高科技公司。20 余年来，公司潜心研发计算机视觉、自然语义理解、人机智能交互等人工智能底层核心技术，是全球仅有的两家拥有无线无源电磁触控自主知识产权的企业之一，是电容笔国际标准组织 USI 的创始会员。公司的数字绘画产品作为虚拟形象、虚拟场景、数字建模的专业绘画设备，对数字笔手写轨迹或绘制图形等进行数字化处理，是动漫市场必不可少的创作工具。2021 年，公司的数字绘画产品销售收入超过 10 亿元。2021 年 2 月正式推出"Xencelabs"专业品牌及相关产品，打破国外竞争对手在专业数字绘图领域的垄断，为创意从业工作者提供更多的专业工具选择。目前已形成 UGEE 友基、XP-PEN、Xencelabs 等定位不同的多层次、多品类全球化品牌矩阵。在未来元宇宙等模式发展的广阔空间里，相关联的技术创新将给企业带来新的业务赛道和竞争力。

　　再如，豪尔赛科技集团股份有限公司 20 余年来一直专注于智慧灯光领域的技术研发与业务创新。2021 年，豪尔赛制定了以"智慧光艺、智慧文旅、智慧城域"为主营业务与"HAO 数字孪生融合网络平台"相结合的"三智一网"发展战略，并进一步成功开拓国际市场，完成了迪拜世博会——"中国馆"的智慧光艺工程建设。2022 年，豪尔赛参与了国家跳台滑雪中心"雪如意"、国家雪车雪橇中心"雪游龙"、国家跳台滑雪中心"雪飞天"等十多项赛事场馆的智慧光艺工程建设及保障，为北京冬奥会的顺利举行保驾护航。

总之，任何企业在进行数字化转型时，都要"敬畏"技术，就是要深入了解相应的技术本质、技术应用、技术的发展阶段和趋势等，明确其应用场景及能够带来的价值，并不断地研发与创新。只有这样，企业的数字化转型才能步入良好赛道，不断地推进我国数字经济事业的蓬勃发展，实现经济和社会的高质量发展。不了解技术本质就去做企业数字化转型很难走得长远。

第 8 章
智能制造、TIPC 定制模式与工业互联网

8.1 个性化定制与大规模定制

"个性化定制"模式

随着社会经济的发展和消费观念的不断变革，20 世纪 90 年代以来，生命周期短、个性化、特色化的产品逐渐成为人们消费的焦点。新生代逐渐成为消费的主力，他们在对产品的基本功能的需求之外，更倾向于对产品所带来的附加价值（如美观的包装、令人惊讶的设计等）和隐性价值（如获取产品的便利性、趣味性、挑战性、情感性、社交性、在产品中融入某种理念等）提升的需求。

因此，企业必须以一种更加开放的运营理念不断给消费者提供令其满意的个性化产品，这样才能获取持续的竞争优势。从本质上讲，个性化产品是高度差异化产品的表现形式，而个性化需求需要"个性化定制"模式来匹配。所谓定制，就是按照消费者

的需求提供对应的产品。

从企业产品的竞争角度看，差异化竞争发展的终极方向必然是定制，定制是高度差异化的表现。

大规模定制模式

从"价值"三大法宝的角度看，不同"个性化定制"模式的差异必然体现在"三大法宝"的不同指标上。尽管三大法宝之间的关系是相悖的（矛盾的，如质量和交货期的提升必然导致成本的提高等），但对企业而言，在不影响"价值"的前提下，能够降低成本肯定是有好处的。

因此，企业在给不同的客户提供不同的个性化定制产品时，也需要考虑如何有效降低成本，这就是大规模定制探讨的核心问题。**大规模定制**（mass customization，MC）**模式是以大规模（或近似大规模）的生产效率满足不同客户个性化需求的生产模式**。

大规模定制是一种新的企业经营理念，被誉为21世纪的主流生产模式。其核心思想是既可以满足客户个性化、多样化的需求，又能使企业满足自己的规模生产效益。显然，该模式的实施中需要解决一个核心矛盾，即个性化、多样化需求与企业规模效益之间的矛盾。如何解决这一矛盾是大规模定制模式实施中需要探讨的核心问题。

解决大规模定制矛盾的基本思路

显然，企业要想实现规模效益，必须有一定批量的相同或相似的活动在生产过程（参考"三链一流"）中的同一环节进行处理。这个批量从哪里获得？只能从客户的订单中挖掘。不同客户的订单到来之后，其中肯定有相同或相似的要求，对这些活动可以采取规模化处理。因此，企业必须先对订单进行分类和处理，在接到客户订单后一定时间内集中处理一批订单，了解订单中相似活动的程度，再做决策。

例如，在戴尔的大规模定制模式中，一个半小时统计一次订单。这个时间对戴尔来说既可以满足客户个性化需求对产品交货期的要求，又可以实现订单的集中处理，找到订单中相同或相似的环节来安排生产，提高规模生产效益。

客户订单分离点（CODP）

显然，不同订单中相同或相似的活动越多，对企业实现规模效益而言越有利。那么，如何调节不同订单中相同或相似活动的程度呢？这就要借助客户订单分离点的思想，如图 8-1 所示。

分析图 8-1 中的五种定制方式，其中哪种的个性化程度最高？显然是最下面的按订单设计方式。最上面的按订单销售方式只是在产品的销售阶段才产生差异，在销售阶段之前所有的生产过程都可以采取规模生产的方式。

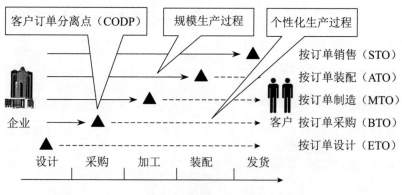

图 8-1　客户订单分离点（CODP）示意

可以看出，企业只要能够把握不同订单到来以后其差异点到底在什么地方，就可以很好地调节自身的规模生产效益与客户个性化需求之间的关系，进而缓和二者的矛盾。这个差异点就是客户订单分离点（customer order decoupling point，CODP）。

如图 8-1 所示，CODP 越靠近客户端，其左边的环节都可以采取规模生产的方式提高生产效益；相反，CODP 越靠近设计端，说明在整个生产过程中可以采用规模生产的阶段越少，规模生产效益越低，但是却可以给客户提供更加个性化的产品。当然，这样的定制模式需要支出较高的成本，只要客户愿意支付较高的费用，企业也是可以满足其高度个性化要求的。

我们都知道戴尔电脑是 20 世纪末 21 世纪初在个性化定制特别是大规模定制领域的标杆企业，那么戴尔电脑的客户订单分离点是在图 8-1 中的哪个环节呢？

客户可以在网上定制戴尔电脑，可以选择白色外壳、黑色外壳、红色外壳、蓝色外壳等，可以选择一条内存、两条内存等，还可以选择一年联保、两年联保等。显然，可以按照客户意愿选择的最后环节是电脑的装配环节。

这里我们思考几个问题：为什么戴尔要将订单分离点设在装配环节，而不往前移呢？比如移到加工环节？企业在决定其客户订单分离点时除了考虑成本还会考虑什么问题？

本质上，上述问题也就是企业战略定位的确定问题。因为客户订单分离点的确定决定了我们到底要给客户提供一个什么样的定制产品。根据前述分析，这样的问题只能通过权衡"价值"三大法宝的思路来解决。如果戴尔将客户订单分离点由装配阶段调整到加工阶段，不仅电脑的生产成本高，对于客户可能也没有价值和意义。比如，客户希望加工一个 S 形的内存条，先不说该内存条能否生产出来，即便是能够生产出来，在笔记本电脑中插入 S 形的内存条不仅要占用较大空间、影响散热和性能，而且从电脑外面根本看不出内存条的形状，客户也得不到感官上的满足。

因此，综合考虑供需双方针对 S 形内存条在三大法宝（质量、交货期、成本）各方面的诉求，显然没有必要加工这样的内存条。

对于电脑产品得出的这一结论可能并不适用于其他产品。特别是对服务企业（如银行）而言，由于服务流程一般较复杂，企业可以柔性地调节其个性化程度。

CODP 对"建网、管网、用网"相关决策的影响

在企业的管理决策过程中，由于 CODP 的存在，必须考虑在该点之前及之后对"建网、管网、用网"等相关活动的决策进行有针对性的调整。

显然，在 CODP 左侧，由于采取的是规模生产方式，各阶段的产品需求相对容易把握，因此在"建网、管网、用网"等相关活动的决策方面需要考虑如何降低成本。比如在建网方面，需要构建能够有效降低成本的外部供应链（选择低成本的上下游成员、签订长期定额合同等），企业内部则需要构建有利于分工的组织架构等来匹配。在 CODP 右侧，由于需要满足客户的个性化需求，对供给方运营系统及运营过程的柔性提出了更高的要求，因此在"建网、管网、用网"等相关活动的决策方面需要考虑如何提高灵活性。比如在建网方面，需要构建能够有效提高灵活性的外部供应链（选择灵活性强的上下游成员、签订短期非定额合同等），

企业内部则需要构建有利于提升灵活性的扁平化组织，甚至阿米巴组织模式等来匹配，这就是大规模定制实施的基本思路。

本质上，大规模定制模式中 CODP 的确定决定了给客户提供什么样的定制产品，这属于企业战略定位（正确的事）探讨的范畴，而如何通过"建网、管网、用网"等相关活动的决策来实现该模式则是企业"正确地做"探讨的范畴。

8.2　智能制造赋能大规模定制

智能制造赋能大规模定制模式

通过上述分析我们注意到，如果企业想要满足较高程度的客户个性化需求，则图 8-1 中 CODP 在设计环节能够实现规模生产的活动就会变少，此时需要思考如何才能更好地对定制过程进行全面优化，通过全面优化提升运营系统和运营过程的灵活性，进而降低成本、提升效益。因此，"智能制造"的出现是一个必然。接下来我们结合一个例子来全面分析和理解智能制造如何赋能大规模定制模式。

例如，酷特智能是山东青岛的一家智能服装定制工厂，该厂一天可以生产 3 000 件完全不同的衣服，一个款式的衣服不再是过去的大、中、小三个尺码，而是 9 000 个尺码。

总经理张代信一大早就忙着和助手往青岛港赶，他们接到的最新订单是要在 5 天内为青岛港的 30 多名员工定制工装。所谓定制就是要求每套衣服都合体，而不是统一尺寸。

一个小时量完 30 多人，将近 700 个数据，秘密就在他们开来的这辆大巴车里。这个比普通大巴车长出 5 米、高出近 1 米的大块头，是他们专门定制的。青岛港的员工已经在大巴车外排成了长队，员工们都是第一次用这样的方式定制工装，大家都觉得很新鲜。量体有专门的单间，客户换好紧身衣后，3D 扫描数据就会实时呈现在计算机里。张代信他们制衣所需要的 19 个部位的 22 个数据不仅可以同时测出来，而且精度可以达到毫米。张代信说："因为我们每天要接大量的个性化定制订单，一旦出错，等于这件衣服就废掉了。我们经过长时间的积累，也有一整套比较成熟的经验和标准化的模式，所以现在准确度很高。"

不到 1 分钟，一位客户的量体就结束了，而此时刚刚量好的数据已经传回了工厂的大数据定制中心，传统服装生产的三大关键工艺（打版、排料和工艺要求）可以统一在这里快速完成。"这些都是今天下单的实时数据，从国内外市场发回来的实时数据，通过这些信息我们可以自动导出客户所需要的板型。比方说这个订单，这就是客户所需要的一套板型，我们通过这个板型就可以生成它需要的一个款式，然后发给裁剪，进行自动裁剪。"张代信介绍说。

　　短短几分钟，制版师刘阿娜已经完成了七八个订单的制版。服装业常说：抄款容易、抄版难。在手工打版时代，就算像他这样拥有几十年打版经验的师傅，完成一套西装打版最少也需要一整天。而现在只要20秒。"这是怎么实现的？"刘阿娜回答说，"通过我们的大数据，我们经过 13 年的积累，已经有超过百万万亿组数据。"

　　屏幕上层层叠叠的蓝线是数据库里已经存好的各种型号的大数据。以前批量生产的服装往往只有大、中、小三个号，最多也不超过十个，但在这里每套衣服存着 9 000 多个型号，从一米三到二米五，高矮胖瘦，各种身材的数据都有。只要新输进来的量体数据没有极特殊的情况，计算机都能瞬间完成匹配。

　　在厂房里的自动剪裁区，工人们正在将塑料薄膜真空吸附在布料上。固定后，那些弹性大、表面光滑的面料在剪裁过程中就不会滑落变形。自动裁床改进项目的总负责人王存波说："没有上设备时，一天 300 个人是用手工剪的，300 个人一天只能做 500 ～ 600 套。上了自动化设备以后，我们现在只有 210 个人，一天产能就可以达到 1 800 ～ 2 000 套。"布料上的线不是粉笔画的，而是激光投射出来的。王存波他们还对这套装置进行了技术改进。个性定制经常会用到条纹和格子面料，要想让对线对格精准无误，与申请数据完全匹配，就需要用激光投影来校准。王存波介绍说："格子面料与素色的面料不一样，个性化的定制有大格有小格，需要上面的激光投影仪把激光打下来，根据面料格子大小来满足我们产品的要求，更精准、更细化。"技术改进后，试织的面料已经裁出来了，对格的精准度让他很满意。王存波说："这是刚裁的大袖，你看这个大袖这两片裁完之后完全对称，接口也是正好的，包括后背的领子，竖条横条都是一模一样。这就是裁格子料最难的地方。"

剪裁好的面料会通过智能物流的吊挂系统传到缝纫区域的不同工位，每一个吊挂上的布料都不同，它们都来自不同的订单。如果说量体、打版、裁剪这些工序可以靠智能化的机器设备来替代人工，那么在缝纫环节，小到穿针引线这样的工序总共有320个，如果全部开发智能机器来替代人工，成本高不说，像丝绸、羊毛这些面料的缝制手感，机器也无法做到像人一样精细。那么这里的智能化是怎么实现的呢？每个吊挂上的布料都挂一个电子标签，里面存着相应的加工要求，工人们只要刷一下卡，就可以在他们面前的小屏幕上读取到这些加工要求，光是他们头顶上的缝纫线就有好几百种。

用哪种线？用什么方式缝制？工人们不用担心会出错，只要按照屏幕显示指令加工就可以了。以前完成这些工作都是车间主任先去工艺师傅那儿抄份密密麻麻的工艺说明书再分配给大家。按照现在每天 3 000 个订单，几百个款式的生产量，至少需要500 个车间主任才能完成。工人说："我们现在没有车间主任了，派活都是通过刷卡显示来实现，比如说这个显示的轻微后掰肩，每个客户都不一样，有的客户就是溜肩，这里直接就显示。"

虽然个性定制比非个性定制成本高出了 1.1 倍，但 2015 年酷特智能定制业务的收入实现翻倍增长，利润率达到 25% 以上。

今天车间里来了一批东南亚客商。国际商业界一直认为工艺复杂、变化多样的传统制衣产业很难进行智能化改造。当他们得知中国有一家智能工厂能做到成衣个性化、批量定制时，都感到很惊讶。

"口袋固定板放到那个面料上面，然后再把那个面料放上，最后放到缝纫机上。"在这里，一个口袋制作被拆成了九道工序，每个人只负责一道工序。泰国客人不断向信息中心负责人米庆阳提出各种问题，在他们传统的服装工厂，像这样的工艺往往都只用一个人从头到尾完成。米庆阳说："每一个工艺我们都把它拆解到每一个操作的小单元，每一个单元就是每一个动作，每一个员工按动作进行操作。例如，这件衣服的拿起，这是一个动作，把这件衣服放到缝纫台上，这是一个动作，在缝纫过程中又是另外一个动作，然后缝制完之后把这件衣服挂到吊挂线上又是另外一个动作。我们把整个缝制过程的所有动作拆解到最细，每一个动作的标准工时实际上我们是知道的，然后把整个标准工时组合到一起就是一道工序。我们实际上把所有的资源，包括人、机器、设备所有的点在整个计算的环节全部排到一起，而每一个人、每一个机器的资源，实际上在我们系统里面都是做了管理的。"

　　整条服装流水线被拆成300多道工序，按产能每天3 000个订单，9万道工序，近20万个工艺，以什么样的方式分配给生产线上的2 000名职工，再以什么方式组合能够科学高效？秘密就在米庆阳负责的信息中心，它是整个智能工厂管理系统的后台大脑。在信息系统中，每一道工序都对应一个软件模块。他们自主研发的这套软件系统实际上就是一个智能化的车间主任，通过算法自动完成每天的排产。①

　　通过上述智能制造的例子，我们来分析如下几个问题，以进一步了解智能制造的核心逻辑。第一个问题是该公司制衣流程中的客户订单分离点在哪个环节（设计、采购、加工、装配、销售）？第二个问题是该公司的制衣过程能否完全实现零库存？第三个问

① 资料来源：央视经济频道《中国财经报道》，有删改。

题是定制模式中如何降低生产成本?

客户订单分离点的判断

上述第一个问题是该公司的客户订单分离点在哪个环节,在设计、采购、加工、装配还是销售?

对于服装流程而言,加工就是布料的裁剪过程,装配相当于衣服的缝制过程,该公司的 CODP 到底应该在什么环节?

根据前述戴尔的客户订单分离点的分析逻辑,判断 CODP 有一个基本规律,即 CODP 所在环节的活动在订单到来之前还没有开展,而其前序环节的工作已经做完了,如图 8-2 所示。在 CODP 所在环节开展活动的前提是在前一工作结果的基础上进行选择。

比如,戴尔的 CODP 在装配环节,在客户订单到来之前没有办法进行电脑的装配,因为不知道应该如何进行装配。但此时零部件的加工工作已经做完了,零部件被放在联合仓库中等待戴尔电脑装配时选择调货。

有了对 CODP 所在环节的基本判断依据,我们再来分析酷特智能的 CODP 到底应该在什么环节。

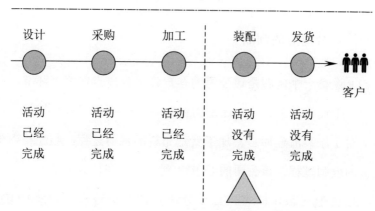

图 8-2　判断客户订单分离点（CODP）

　　首先，酷特智能的 CODP 肯定不能在装配（缝制）阶段。因为如果将 CODP 设定在缝制阶段，也就是在客户个性化订单还没到时就已经将布料裁剪好了。这样操作显然有很大的问题：一是因为没有客户数据支撑，在裁剪时不知道该裁剪什么布料、裁剪多少、裁剪多大的尺寸等；二是如果按照个性化需求预测的数据提前进行裁剪，裁剪后的布料需要保存，库存成本必然会上升，订单到来之后还需要快速找到已经裁好的布料，而且如果订单到来之后实际需求与已经裁好的布料不一致，会导致巨大的浪费等一系列的问题。因此，CODP 必然要设定在装配（缝制）阶段之前的阶段。

其次，根据上述案例，量体车将量好的客户数据即时传回工厂进行个性化生产，感觉定制工作好像是从设计开始的，该公司的 CODP 是否在设计阶段呢？答案也是否定的。实际上，经过较长时间的服装板型数据的积累，酷特智能已经一改原先由人工进行板型设计，将设计好的各种款式、各种尺寸的板型数据存在数据库中，根据对应的订单信息随时调用。因此，设计环节的工作实际上已经做完了。

经过分析可知，酷特智能的 CODP 是在加工（裁剪）阶段。这是因为将 CODP 设定在加工（裁剪）阶段，不论从收益角度还是风险角度来讲都是较为合理的。

关于零库存的探讨

第二个问题是该公司的制衣流程能否实现完全零库存。

实际上，"零库存"一直是企业十分重视并希望实现的目标。早些年，有些企业还将"零库存"作为广告语，试图吸引消费者的关注。但随着消费者对企业的认知越来越深入，人们也知道"零库存"是企业的事，与自己想要购买的产品没有直接的关系。因此，企业不再使用"零库存"作为产品宣传的口号。

在一定程度上，"零库存"可以给企业带来成本的降低，也在一定程度上反映了企业运营的"柔性"水平，但并非"零库存"一定比"非零库存"好。

在很多情况下，出于满足客户的交货期要求、应对不确定性风险、应对原材料价格波动、实现战略储备等目的，企业仍需要保有一定的库存。

因此，我们需要探讨的一个重要问题是：对任何企业的任何环节而言，到底什么环节能够实现"零库存"？

实际上，任何企业的任何环节都可能实现零库存，其基本前提是，在这个环节实现了"零库存"以后，不会对该环节的"价值"（三大法宝）产生影响，如图8-3所示。

如前所述，我们所提出的"三大法宝"是在企业运作层面指导任何决策的唯一依据和标准。

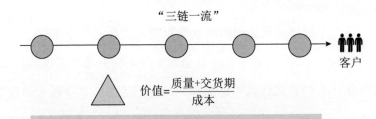

图8-3　"零库存"的判断依据

如何全面分析降低定制成本的问题

对于第三个问题，即酷特智能的大规模定制模式采取了哪些做法来降低成本，如图 8-4 所示，我们按照三链一流的思路展开讨论。

（1）在设计环节，原先主要的成本支出在于每次打版的人工成本。为了降低这一成本，经过若干年的积累，将设计好的板型存储在数据库中，根据客户量体或者订单数据进行匹配后直接调用，避免了重新打版所需耗费的时间和人工成本。但其中的难点在于板型数据的存储及调用时的智能优化算法等。这显然需要数字技术（数据技术、网络技术、计算技术）的支撑与赋能。

（2）在采购环节，原先主要的成本支出是布料或辅料（如线、扣子等）的采购和库存成本。要降低这一成本，需要优化布（辅）料的采购和库存决策过程。决策优化过程就是在若干个方案中找到最优方案的过程，其中的难点在于采购和库存决策方案的优化算法，特别是支撑算法运行所需的预测技术。例如，制定采购决策时，必须提前对未来一段时间内需要的布料、辅料等物资的库存量进行动态预测，才能保证在拟定的三大法宝（质量、交货期、成本）的约束下，满足客户的需求。显然，这也需要数字技术（数据技术、网络技术、计算技术）的支撑与赋能。

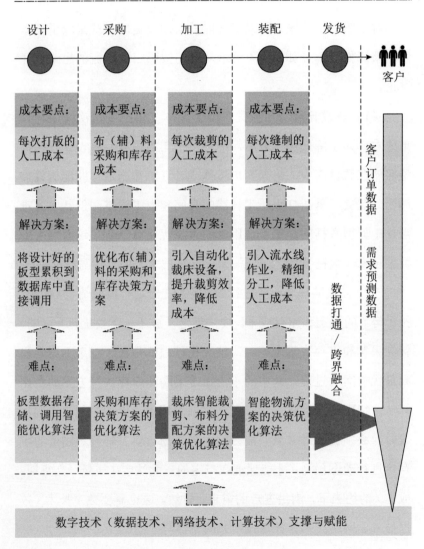

图 8-4　全面分析定制成本的降低

（3）在加工（裁剪）环节，原先主要的成本支出是每次裁剪所需耗费的人工成本。要降低这一成本，需要引入自动化裁床设备提升裁剪效率，其中的难点在于自动化裁床的智能裁剪，以及针对整体布料的裁剪方案分配的决策优化算法。该问题本质上与集装箱配载等问题类似，也需要数字技术（数据技术、网络技术、计算技术）的支撑与赋能。

（4）在装配（缝制）环节，因为对于服装而言，完全的自动化设备缝制是不可行的，必须由人工操作。因此，主要的成本支出是每次缝制所需要耗费的人工成本。要降低这一成本，需要引入流水线作业，实现精细分工，其中的难点在于智能物流调度方案的决策优化算法，也就是流水线作业，让待缝制的布料（包括辅料等）围绕人来"动"。需要深入探索的问题是如何才能保证"动"得精准，这本质上是智慧物流的调度优化问题，仍需要数字技术（数据技术、网络技术、计算技术）的支撑与赋能。

……

尽管我们没有分析酷特智能的所有环节，但可以看出，在任何企业"三链一流"中的不同环节，降低成本的方法和途径各异，不能一概而论。为了更好地优化不同环节活动的流程，提升不同环节活动的灵活性，提高效率，降低成本，必须有数字技术（数据技术、网络技术、计算技术）的支撑与赋能，而且前提是各环节数据的有效打通和利用。这本质上就是"智能制造"的核心思想。

智能制造

根据第 4 章中关于智能的界定，智能是在操作者还没有将想要实现的活动指令传递到"活动主体"（如机器、设备等），或者操作者还没有想好或形成活动指令等的前提下，"活动主体"（如机器、设备等）已经能够主动地完成活动，并在一定程度上让操作者满意的过程。

显然，在上述酷特智能的"三链一流"中，不同环节的活动根据其对"价值"的诉求不同，有其对应的不同目标。要有效实现这些不同的目标，需要有针对性的活动方案。例如，设计阶段构建板型数据库、裁剪阶段引入自动化裁床、缝制阶段引入流水线作业和智能物流系统等。

由于每个阶段需要解决的核心难点问题是不同的（见图8-4），因此需要不同的万物互联技术、预测技术、算法技术等进行支撑。支撑的目的就是实现不同环节活动的智能化，也就是我们还没有将想要实现的活动指令传递到不同环节"活动主体"（如自动化裁床、智能物流吊挂设备等），或者我们还没有想好或形成活动指令等的前提下，这些"活动主体"已经能够主动帮我们完成活动，并在一定程度上令我们满意。

比如，工人在缝制布料时，智能物流吊挂系统能够主动将需要缝制的布料在时间和空间两个方面精准地送到工人的缝制工位前，并自动给工人提示和预警等；再比如，在接到客户订单之前，库存管理系统就能主动告知需要什么样的布料、辅料等及采购量应该是多少，在什么时间之前采购，什么时间应该送到货，采购成本应该限定在多少（也就是三大法宝指标的细化）；等等。显然，这样一来，企业在各环节的活动效率和效果将会有很大的提升，能够更为有效地实现个性化定制的柔性诉求，提升客户的价值体验。

这就是智能制造的魅力所在。

当然，实现上述智能制造的前提是，打通三链一流中各个环节活动中的数据，通过环节之间数据的打通和数字技术的赋能，发挥不同环节之间的协同效应（1+1>2）。要想实现这一目的，必须把不同环节的活动加到同一个互联网平台上，参考前述"智能 +"思维部分。

而在数字技术支撑下，通过基于跨环节（跨界）数据的预测技术，可以更好地提升生产过程中各个环节的"柔性"水平和协调能力，在尽可能降低成本的同时，提升经营效益。

智能制造的逻辑关系如图 8-5 所示。

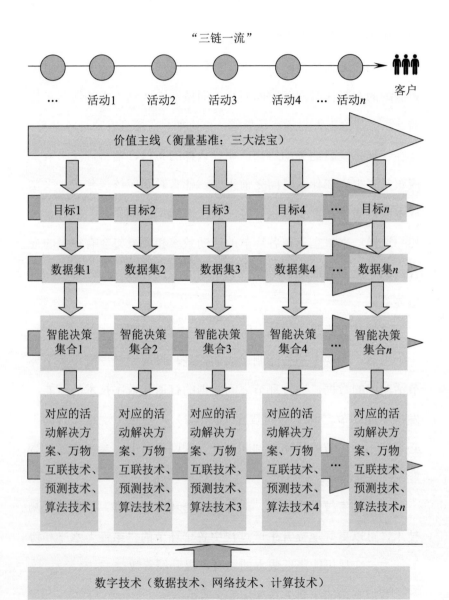

图 8-5 "智能制造" 示意

智能制造中的关键问题

实现智能制造的前提是必须实现精准的预测，而要实现精准的预测，必须获取相关数据并对数据进行合理的分析和计算，如图 8-6 所示。

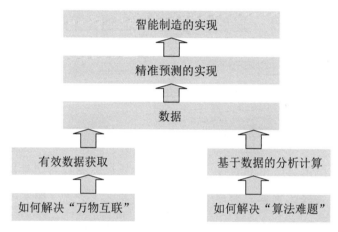

图 8-6　"智能制造"中的关键问题

因此，如何获取有效的数据以及如何基于数据进行分析和计算进而实现精准的预测是实现智能制造的关键。

有效数据的获取必须做好真正意义上的"万物互联"，这里的"物"泛指各种"资源"，当然也包括对"人"的互联；而基于数据的分析和计算进而实现有效、精准的预测，必须解决"算法"的难题。这是"智能制造"中的两大关键问题，也是各行各业、各领域发展数字经济、实现数字化转型中的两大关键问题。

问题往往孕育着机遇，探索上述两大问题的解决方案，并在硬件、软件等技术上进行研发与创新，可以为企业开拓新的广阔市场。

8.3 "跨界－融合－参与"定制（TIPC）模式

"跨界－融合－参与"定制（TIPC）

如前所述，在传统环境下，由于网络和数据技术等的制约，企业获取大量、精准的客户需求数据和环境数据较为困难，供需关系往往较为简单，客户一般也很难提前参与产品／服务的开发设计、生产和营销等过程。同时，网络和数据技术的制约也限制了不同行业之间界限的打破，跨行业、跨供需（跨界）的经营管理模式较难形成。

而在数字经济环境下，一方面，数字技术（主要包括数据技术、网络技术、计算技术等）的发展使企业可以实时有效地获取消费数据和资源动态数据，研判并预测消费者行为和资源变动趋势，为精准运营提供有力的支撑，还可以有效去除供应链中的中间环节，拉近不同行业、不同企业以及企业内不同部门、岗位、设备等之间的距离，使不同主体之间方便地形成链接关系，因而有利于实现传统环境下难以实现的精准（如精准供应、精准生产、精准营销、精准服务等）、跨界（如不同行业、不同企业、不同部门、不同环节、不同设备等之间以及供需之间的跨界）、融合 [如文化融合、模式融合、流程融合、资源融合、信息（数据）融合等]、客户参与 [客户参与产品 / 服务开发、设计、生产、销售（社群推广）过程等]，以及生态、共享关系的搭建等特点，从而构建多个供需主体综合运行的数字化生态系统。

在数字经济环境下，由于有互联网的广泛连接、精准的企业内外部环境及客户需求 / 参与大数据的有力支撑，企业可以方便地实现跨界、融合、客户深度参与的个性化定制模式，而不再局限于传统单一行业内产品 / 服务的定制。

这种新型的跨界、融合、客户深度参与的个性化定制模式即"跨界 - 融合 - 参与"定制（Transboundary Integration Participation Customization，TIPC）模式，也是本书作者首次提出的面向数字经济环境的新型定制模式。

TIPC 与 MC 的区别

不同于一般意义上的大规模定制（MC）模式，由于有新特征的加持，一方面，TIPC 模式在 CODP 的挖掘与确定、定制过程的复杂程度、定制的决策机理及定制模式的价值来源等方面与 MC 模式存在差异（如表 8-1 所示），需要用新的定制理论与方法来指导。

表 8-1　传统 MC 与 TIPC 模式的比较

比 较 方 面	传统环境下的 MC 模式	数字经济环境下的 TIPC 模式
CODP 的挖掘与确定	单一行业，产品／服务类型单一，CODP 容易确定	跨界、融合，产品／服务类型多元，CODP 较难统一
定制过程的复杂程度	较少客户参与，定制过程以单向为主，相对简单	客户参与程度高，定制过程双向循环，较为复杂
定制决策机理	主要平衡"个性化"与"规模经济"之间的关系	主要平衡"个性化"与"规模经济＋范围经济"及"跨界融合价值"之间的关系
定制模式的价值来源	产品／服务定制本身的价值	产品／服务定制本身价值＋融合产品／服务价值

例如，传统 MC 模式下，企业的关注点是如何平衡"个性化"（需求方诉求）与"规模效益"（供给方诉求）之间的矛盾；而在 TIPC 模式下，企业的关注点是"个性化"（需求方诉求）、"规模经济＋范围经济"（供给方诉求）及"跨界融合价值"（双方诉求）三者之间的平衡关系。

另一方面，TIPC 模式下，不同个性化需求的差异较大，这种差异不仅体现在产品或服务的时间上，还体现在产品或服务的内容，以及对不同内容的需求深度上（如空调的纯静音需求和一般的静音需求，对技术的需求深度是不同的）。

这种复杂的、动态的个性化需求模式决定了企业在资源获取和组织方式上与传统 MC 模式相比更为复杂，更需要跨界、共享与生态资源的支撑。这对企业商业模式及组织架构的设计等都带来了新的挑战。下面用一个典型的例子进行阐述。

一个 TIPC 模式的典型例子

中国正在向世界制造强国的目标迈进，"智能制造"是从制造大国走向制造强国的唯一路径。当前，美国、德国、日本等国正以数字化、智能化为核心布局，抢占国际竞争制高点，而有着世界工厂之称的中国正站在制造业转型升级的风口。如果把智能工厂整体看作一个智能机器人，智能制造需要做的就是想办法打通它的"任督二脉"，最大限度地实现各环节的互联互通。在青岛，海尔的一家互联工厂撬动的是整个生产体系。

初春天气乍暖还寒，家里刚停了暖气，孩子们很容易感冒。想要屋里恒温，就需要一直开着空调。空调一般都是机械风，直吹的话对孩子的健康不利，而且电机的运行声还经常会吵醒熟睡的孩子。因此，许多年轻的父母都在寻找一款更适合母婴的空调，但他们搜遍了各大家电网站也没有找到。

在海尔的家电定制平台上，用户发现可以根据需求自行设计商品，就算是 T 形的冰箱或是圆形的洗衣机，只要创意发起人能号召足够数量有相同需求的买家，用户就能平价享受专属定制产品。在海尔家电定制平台上定制一款无噪声的自然风空调，即使夜深人静，运行的空调也不会影响孩子休息。发起的订单在定制平台上通过后，工厂便会快速回应。

为了更快地回应消费者的定制需求，海尔将空调拆分成送风、电器、冷媒等五大模块。通过在供应链平台上发布需求，对于每一项新功能的需求，外部技术团队和供应商都可以与企业内部各部门公平竞标。例如，海尔空调的离子送风模块便借鉴了火箭点火推进器技术，是与外部的军工研究所共同开发的。空调的噪声主要是电机带动风扇高速旋转引起的机械声，海尔空调的离子送风方案颠覆了传统送风模块的送风原理：技术人员通过模块上的针尖高压放电，产生电离子，带电离子从针尖向铁丝网方向垂直运动，在针尖附近形成负压区，空气从高压往负压运动，形成了离子风。由于空调送风不再采用电机风扇，解决了噪声的问题，因此这个设计从数十个方案中脱颖而出。

海尔的模块商资源平台上互联着近 3 万家模块供应商，汇集了 4 万个资源方案。正是有了对模块的控制能力，他们才能快速响应客户的定制需求。正是因为有了开放的模块供应商平台，才能更好地与供应商合作，把军工技术转换成民用技术进而应用在空调上。正因为有了如此多的资源，通过不断的合作、交互，海尔才研发出了更多的新技术和新产品。

送风、电器等模块的外包，为个性定制的创新产品引入了全市场的技术资源。而空调的核心部件生产则由海尔新建的互联工厂完成，他们正在尝试让整个生产变得更加智能。

以空调的冷凝器生产为例，质量部长和技术团队一早就赶到冷凝器生产车间，他们要对这个新引进的串管自动化智能设备进行冲压效果的检测。冷凝器相当于空调外机的散热片，由 595 个铝箔片和 22 个换热管组成。铜管里的制冷剂氟利昂压缩后释放的热量则要通过这 595 个铝箔片增加散热面积。铝箔片的薄厚、间隔和串管的贴合度会直接影响空调散热和制冷效果。每个铝箔仅有 0.1 毫米厚，薄如刀片，想要把 22 个换热管完全紧密地插到 590 多片铝箔中并非易事。采用自动化的设备进行操作，确保了每个换热管和铝箔的紧密结合，保证了空调的使用效果。

仅用单一的自动化设备，即可让冷凝器制造的不良率从百分之一下降到千分之一。但互联工厂要实现的不仅是机器换人这么简单的事情，工厂里生产的全部是个性化定制的空调，需求和功能不同，冷凝器的内部结构、铜管的角度和方向也不一样。

在智能互联工厂中，机器人配合默契地对焊接好的冷凝器部件进行折弯加工。数字化机器全流程的设备互联，让机器人可以自动识别加工信息。冷凝器的折弯机器人可以相互传递信息，直接获取产品的相关型号信息，而传统的生产过程则要靠人去观察。设备自动互联之后，大大提升了冷凝器的生产效率。通过机器人的自动折弯，每天每条线可以多产出 1 200 台左右。

焊接好的冷凝器被送入氦检箱，氦气的微孔渗透性强，对冷凝器泄漏的检出率比传统方法提高近百倍。每台氦检箱的检测数据均被完整保留下来，整个流程形成全数据跟踪。在工厂的大数据中心，经过全样本分析，互联的设备在统一标准下会形成一条完整的生产监控曲线。生产过程中，一旦某个环节偏离了这条最理想的生产曲线，系统就会自动报警，避免了跨环节间的误差叠加。在这个平台上，通过定义数据的规范，能够达到一个全价值链的数据流通。工厂端通过工厂的 IT 系统与机器的自动化控制系统实现融合，提高了整个生产过程的柔性程度。

一旦车间里的报警器响了，维修人员就会接到设备自动推送的维修预警。以前设备出了故障，操作工需要打电话通知维修人员来维修，但到那时设备可能已经完全坏了。在当前的预警模式下，在设备还没有完全坏但在往坏的方面恶化时，就会自动发送信息给设备维修人员，对设备进行及时维修。

海尔的大数据中心互联了工厂里的每一台设备，让工厂里的机器与人逐渐形成了最完美的配合。然而，海尔的互联工厂并不满足于制造体系内部的联通，它还在每台空调里加装了智能模块，实现了空调与用户的互联。传统的用户交互和信息挖掘主要是通过用户回访、电话回访、调研问卷等方式完成的，但是它的真实度和效率都非常低。通过智能互联空调，可以在总部研发中心实时地、低成本地、快速准确地收集用户信息，对于产品研发十分有价值。

例如，2015 年，根据好空气数据中心的信息反馈，互联工厂发现很多用户家中的空气质量差，空调很脏，影响了空调的正常使用效果，因此有针对性地研发了一款自清洁空调。该产品成为市场上的爆款。再比如，空调技术人员表示，说到空调的清洗，用户只知道清洗过滤网，其实空调藏污纳垢最严重的地方是蒸发器。因此，海尔开发的自清洁空调通过快速结霜化霜能够将深藏在蒸发器里的污垢和细菌快速冲走，并通过空调的排水管道送到室外，实现自清洁。

通过大数据分析，海尔互联工厂不断抓住用户的各种痛点和需求，而这些还远远不够。与空调的机械风相比，大自然的风没有规律，变化的风速会给皮肤表面形成不同的刺激，而在试验中心模拟出来的自然风速是否最令人体舒适，要在智能仿生人身上找答案。通过在实验室布置 980 个温度传感器，测试出房间的三维温度场，通过智能仿生人感应并将采集的数据传输到热环境舒适评价系统，可以将不同的风速和温度对人体的影响通过色块展现出来。哪种风速和温度下，人体才感觉最舒适，智能仿生人会把所有数据传输到热舒适研究中心，舒适度合格的数据参数就会被系统保存下来。只要工程师们采集到所有的有效参数，用户足不出户便能享受到最舒适的自然风。

在海尔的设计中心，自然风空调的外观设计团队也在同步进行着头脑风暴。通过与意大利设计师进行远程交流，针对自然风空调外观的设计，这个国际化团队提出了自己的创意。在海尔的定制平台上，连接着来自日本、欧美等国家的30多位设计师，谁的方案最受欢迎，谁就最后胜出。为什么这些国际顶级设计师会愿意参与个性化定制项目？原来，设计师们的创意收益是与最终的销量挂钩的。无论是设计师，还是技术方案的提供者，只要共同开发的产品在市场上热销，每一个参与者都会按比例收取回报，卖得越好回报率越高，每款定制产品对于设计师而言就相当于用专业技术投资的小微项目。设计师作为创意的提供者或追随者，全程参与这个产品，在不断修正的过程中，产品从无到有。尽管中间会经历反复的波折，但这就是整个大规模定制对于用户的魅力所在。同时，把冷冰冰的工业化产品赋予更人性化的东西，也是消费者的追求之一。①

　　通过这个例子可以看出，海尔的定制模式与前述酷特智能的定制模式不太一样，酷特智能是典型的大规模定制，客户并没有很好地参与产品的开发过程，而且跨行业的跨界行为表现得也不突出，基本是在制衣行业内部环节之间进行的跨界和融合。而在海尔的例子中，消费者为了得到一款有风无声的空调，深入参与了产品生命周期的多个阶段，同时也引入了跨界融合的技术，可以看出，海尔的定制模式属于本书提出的"跨界 - 融合 - 参与"定制（TIPC）模式。

　　那么，酷特智能的 MC 定制模式与海尔的 TIPC 模式哪一个更具优势呢？答案是二者都有优势，不能说复杂的模式就是好的，适合企业的才是好的模式。

搭建开放的生态平台（场景）

　　从上面的例子可以看出，海尔将产品拆解成不同的模块进行开发和竞标。这样做有什么好处呢？如前所述，企业数字化转型要考虑战略层、组织层（资源层）与运作层（业务层）三个层面的问题。无论是传统的 MC 模式还是 TIPC 模式，就模式本身而

① 资料来源：央视经济频道《中国财经报道》，有删减。

言都是战略层面（战略定位和商业模式）的问题。

战略层的问题明确了之后，必须探讨资源层和运作层如何支撑的问题。资源层是组织层面的问题，包括企业内、外部的两个组织范畴。资源层和运作层考虑的问题本质上也就是企业如何建网、管网、用网以实现战略定位的问题，最终用来衡量其好坏的无非是效率和效果。换句话说，将来衡量企业内、外部资源的运行效果时还是要从"三大法宝"的角度来分析该资源能否很好地创造价值。企业中的各种资源在创造价值时，既要考虑对产品质量的贡献，又要考虑对成本和交货期的贡献。

任何一款产品都是由很多模块组成的，必须划分模块来探讨如何才能让产品满足客户在质量、成本、交货期等方面的诉求。划分了模块之后，才有可能把可整合资源范围内围绕某一模块的专业性资源（人的、财的或是物的资源）更好地调动过来。从本质上说，将产品拆解成不同的模块进行开发和竞标，本身就是寻找具有最优价值的资源的过程。

比如，针对送风模块，可以通过竞标将可整合资源范围内所有围绕送风模块进行研发的、设计的、生产的人员等进行有效整合来攻克技术难题。这样不仅可以解决交货期的问题，也可以通过竞标找到成本合理的资源，还能解决质量（无电机送风）问题。通过竞标，最终选择的肯定是价值最合适的而非成本最低的。

在此基础上，企业需要搭建一个开放的生态平台（场景）来实现资源的共享与跨界融合。因为不开放就不能实现跨界，也就不能融合其他资源。同时，如果没有开放的平台，消费者就没有办法参与进来，也就没有办法实现 TIPC 模式。因此，必须搭建一个开放的生态平台才能解决产品开发时资源的跨界、融合和客户参与问题，才能更好地实现资源的共享。

此处我们再来探讨本书一开始提到的问题：某个企业通过机器换人实现了黑灯工厂，为什么让员工下岗的行为不能完全算作成功的数字化转型？

因为企业数字化转型的目的是通过数字技术支撑与赋能，让企业所拥有的资源更好地发挥作用、创造价值，而不是用一种技术资源替代另一种资源（如人力等）。要通过数字技术支撑与赋能，让资源更好地去实现共享、更好地去跨界、更好地去融合，让资源得到更好的利用，而不是简单地去除这些资源（如机器换人，让员工下岗）。

本质上，"机器换人"是企业一直在探讨的问题。20 世纪，随着自动化技术和信息技术的发展，机器换人就已经在不断推进，但这并不是我们今天理解的数字化转型，而只是自动化升级或者信息化改造。

再比如，面对新冠肺炎疫情，很多企业的业务（如餐饮、旅游等）受到影响，企业应该进一步转变思想，想方设法挖掘各类资源（人、财、物等）的可利用价值，进一步加强资源的跨界（如跨行业、跨业务、跨岗位等）共享，让资源进一步流动起来，发挥每个资源的作用和价值。这才是企业数字化转型应该思考的核心问题，而不是让员工下岗或者裁员。

资源的灵活性与数字生态场景的打造

可以看出，不管是传统的定制模式还是数字经济环境下的新型 TIPC 定制模式，其对企业资源最大的诉求就是"灵活"。只有灵活的资源才能给不同客户提供令其满意的，具有精准、跨界、融合、客户深度参与等特征的个性化产品或服务。

资源如何才能灵活呢？资源的组织必须先灵活起来，如把企业内外部的资源灵活地整合在一起、把企业组织关系灵活地搭建起来，以及让资源灵活地动起来，等等。

从前述供应链管理三个层面（建网、管网、用网）的角度讲，一是考虑如何灵活地搭建供应链网络，二是如何灵活地管理供应链网络，三是如何灵活地用好供应链网络。

企业为了实现任意一种程度的个性化定制产品或服务的战略定位，首先得把网建起来，就像我们要做社区无人零售，首先要在小区进行自助设备布点，寻找经营主体，把供应链搭起来。建完网之后需要考虑怎么管理供应链网络、怎么管理设备、怎么考核经营主体的绩效、怎么进行激励和控制等，这是管网的层面。这些都做好以后，还要考虑日常设备中的商品配给，如配多少、由谁来配、设备之间的商品是否可以横向调配、怎么调配等，这些都是用网层面的问题。这些层面的工作都做好了，做灵活、做到位了，才能满足供需双方的诉求。

因此可以这样理解，要想做好企业的数字化转型，必须把资源的灵活性调动起来。而资源的灵活性又体现在多个层面。只有通过搭建开放的数字生态场景，才能更好地将资源在各层面的诉求立体化地关联起来，才能解决资源灵活性的问题。

基于"互联网+"或"智能+"的思维，通过"智能制造"（说的大一点，即"智能运营"）解决灵活性的问题，让资源之间在互联网平台上实现跨界、融合、共享和共生，让它们自主、灵活地发挥作用，共同创造更大的经济效益价值和社会效益价值，是一个非常好的思路。

通过上例分析可以看出，学习企业的数字化转型必须先了解全面的企业管理系统观念和知识体系。对企业数字化转型的探讨必须上升到管理的层面，而不能局限在单纯的技术层面。因为数字化转型中既涉及文化、战略的问题，又涉及运营中建网、管网、用网等多个层面的问题，如组织的问题、人力的问题、制度的问

题、流程的问题、财务的问题、金融的问题、研发的问题、采购
的问题、生产的问题、库存的问题、营销的问题、售后的问题等，
企业管理中的方方面面都要考虑到，才有可能给企业设计好数字
化转型方案。

数字经济环境下资源的组织和管理

　　总之，对于数字经济环境下的 TIPC 模式而言，不同客户在
不同时间点上定制需求的内容和程度不同，每项跨界产品 / 服务
组合在不同时点上的提供都需要若干不同种类和数量的跨界供应
链资源来支撑，而由于（跨界）资源、（跨界）产品 / 服务与（跨
界）客户之间供需关系的交叉关联性，不同的生产 / 服务活动往
往需要并行或交叉开展，因此不同时间点上需要使用的不同资源
都是动态的。在这种情况下，通过资源的稳定、同类聚集等方式
提升规模效益的可能性和空间是有限的，因此需要通过非常柔性
的共享型和生态型资源整合方式来发挥范围经济（1+1>2）的作
用，同时还要考虑供应链资源跨界融合带来的间接和潜在价值。
同时，由于客户可能参与供给活动的程度高、范围广，弱化了供
需之间的界限，客户也可以作为一种流动和共享资源参与供应链
资源的供给过程。

　　因此，在数字经济环境下，对资源的组织和管理应该是一种

动态、柔性、流动与共享相融合的组织和管理方式。关于企业数字化转型中的组织重构问题将在第 9 章阐述。

8.4　构建智能制造的基座——工业互联网

通过前述分析可知，在数字经济环境下，企业不论进行商业模式创新还是实施面向 MC 或 TIPC 定制模式的智能制造，其难点和关键在于如何通过打造基于"三链一流"的开放场景来融合和利用各种资源，同时还要保证资源的即得性、可用性、丰富性、灵活性和可靠性。显然，对企业而言，如何精准获取企业内外部的各种可利用资源（含潜在可利用资源）的信息（状态数据），进而与企业的资源需求相匹配，是其在实施智能制造时实现资源有效获取与利用的前提和基础。为了解决这一问题，有必要站在更高的产业发展和经济社会协调发展的角度，打造统一的工业互联网平台。

工业互联网（Industrial Internet）是新一代信息通信技术与工业经济深度融合的新型基础设施、应用模式和工业生态，通过对人、机、物、系统等的全面连接，构建覆盖全产业链、全价值链的全新制造和服务体系，为工业乃至产业数字化、网络化、智能化发展提供了实现途径，是第四次工业革命的重要基石。

工业互联网以网络为基础、平台为中枢、数据为要素、安全为保障，既是工业数字化、网络化、智能化转型的基础设施，也是数字技术（如互联网、大数据、人工智能等）与实体经济深度融合的应用模式，还是一种新业态、新产业，将重塑企业形态、供应链和产业链。

当前，工业互联网融合应用向国民经济重点行业广泛拓展，形成平台化设计、智能化制造、网络化协同、个性化定制、服务化延伸、数字化管理六大新模式，赋能、赋智、赋值作用不断显现，有力地促进了实体经济提质、增效、降本、绿色与安全发展。

在工业互联网的逻辑和技术层面，"链网协同"是一个比较好的思路。"链"指区块链，提供了安全、高效、可信的技术方法，为解决机构与机构、人与人、设备与设备之间高效协作带来机遇。"网"指互联网和工业互联网，采用树状层次化治理架构搭建的国家顶级节点网络标识解析体系，为万物互联提供解决方案。

但由于单纯的"网"往往存在一定的风险，因此链（区块链）网（互联网、工业互联网）协同的趋势逐渐拓展开来。加快区块链与互联网、工业互联网深度融合，有利于实体经济"降成本""提效率"，构建"诚信产业环境"，推动我国经济体系实现技术变革、组织变革和效率变革。

例如，"星火·链网"作为国家区块链新型基础设施，自2020 年 8 月启动建设以来，在推进区域数字化转型的探索上发挥了重要作用。"星火·链网"是在工业和信息化部的指导与专项支持下，由中国信通院牵头，联合北京航空航天大学、北京邮电大学、中国联通等多家企事业单位建设的国家区块链新型基础设施，是为持续推进产业数字化转型，推动数字资产价值化，利用区块链自主创新能力而谋划布局的新型基础设施。作为国家区块链新型基础设施体系，推动"星火·链网"体系的建设对于我国持续推进产业数字化转型、实现数字资产价值化、支撑数字经济发展具有重要意义。

2018 年 11 月，工业互联网标识解析国家顶级节点在武汉光谷正式上线。2021 年 11 月，"星火·链网"武汉超级节点率先在光谷上线，并开始面向全球提供服务。光谷坐拥顶级节点和超级节点两大标志性网络枢纽，日益成为服务湖北、覆盖华中、辐射全国的工业互联网产业集群的数据融合枢纽。顶级节点加速发展，标识解析发挥实效。经过 3 年发展，该节点累计标识注册量超 72 亿，在省内建成 12 个二级节点，应用覆盖汽车制造、工程机械、电子信息制造等湖北 "51020" 现代产业集群一半以上行业，已初步实现 "有体系、有流量、有应用" 的布局目标，光谷企业积极参与工业互联网标识解析建设，工业互联网标识赋能产业数字化转型效能逐渐凸显。

工业互联网标识解析体系解决了身份和数据共享问题，区块链则为数据上链后形成连接秩序提供重要机制和手段，是形成工业互联网中数字生产关系的关键。作为国家区块链与工业互联网新型融合基础设施，"星火·链网"基于现有国家顶级节点，以工业互联网为主要场景，以标识这一重要数字资源为基础，以区块链技术为自主创新，并将与芯片技术、人工智能结合发展，为数字化转型升级提供可持续战略支撑。"星火·链网"相当于为光谷搭建了贯通全球的数字高铁，产业数据通过"星火·链网"连接，从确权到交换，从资产化到价值实现，都能得以体现。

据悉，光谷已有上百家企业涉足区块链领域，"星火·链网"的加入进一步驱动产业链、价值链、创新链三链融合，引领光谷支柱产业、新兴产业、未来产业重构价值。其在智慧城市、数字政务、供应链金融、能源数据等领域已有较好的应用基础，可以更好地驱动光谷优势产业数字化，培育数字经济新业态。

以推进光谷实施"碳中和"为例，"星火·链网"给出了示范方案。基于"星火·链网"应用支撑平台建设碳资产管理平台应用系统，搭建互联互通的多条星火子链网络，完成产业链碳足迹可信追溯，提升碳排放监控能力，加快能源结构优化与技术升级，实现碳全生命周期管理。

再比如，2022 年 6 月 8 日，"星火·链网"超级节点（重庆）正式上线发布，标志着重庆超级节点正式上线运行并开始面向全球提供服务。"星火·链网"超级节点（重庆）已于 2020 年 9 月正式签约，是全国首个落地的超级节点项目。经过一年多的开发及建设部署，重庆超级节点正式上线，丰富了重庆数字经济产业生态。重庆在建设超级节点的同时，也在积极支持、鼓励各行业建设"星火·链网"骨干节点。目前，重庆电信、纸贵、亿利等骨干节点已通过建设评审，推动区块链产业基础进一步完善，赋能重庆实体经济产业级应用，加速培育数字经济的新生态体系。

未来，重庆将依托"星火·链网"超级节点（重庆）、工业互联网国家顶级节点（重庆）优势，进一步探索"区块链＋工业互联"融合创新应用模式，构建融合创新体系。以融合创新体系为中心，吸引 5G、物联网、云计算等基础设施到协同融合创新体系中来，打造以重庆为中心的区块链融合基础设施应用产业集群，为重庆数字经济发展提供持续性的创新驱动力。

第9章

数字化转型中的组织重构

如前所述，"五位赋能"中的"整合赋能"本质上对应本书提出的供应链管理（运营管理）框架中的"建网"层面，主要围绕企业组织层面的活动进行赋能，如通过数字化转型使企业打造出超柔性的资源跨界、融合、链接、共享、共创的生态组织模式，实现面向数字经济环境的组织重构，打造智慧供应链（包括物流）系统，构建超智慧组织体系，等等。简单来说，"整合赋能"就是企业通过数字化转型搭建企业内外部组织架构（供应链网络／运营系统）的问题。数字经济环境下，企业在搭建组织架构时到底应该如何思考呢？

9.1 数字化转型中组织重构的逻辑

下面我们用最简单的例子探讨在数字经济环境下，影响企业组织架构设计的主要因素到底是什么。

在数字技术支撑下，很多传统的线下教育培训课堂可以方便地在网络平台（如腾讯会议、ZOOM 等）上进行。如果从 "三大法宝" 的角度衡量，这种线上授课方式不论从授课的便利性、传播的广度、授课内容的多样性和丰富性、良好的记录性，以及较低的成本（时间、空间、交通、机会成本等）、较好的时间交付性等方面都给供（培训方，如教师、专业机构等）需（学习方，如学生、学员、职工等）双方带来了较高的价值，也在一定程度上给社会创造了价值。例如，在特定环境下，当线下授课受到一定制约的时候，这种授课方式解决了教育间断性的社会问题，节约了线下社会资源。

接下来，我们来看一下线上教育模式下的组织架构问题。

图 9-1 比较了两种线上授课模式下的组织架构：一种是如图 9-1（a）所示的单纯听课和互动交流模式；另一种是如图 9-1（b）所示的听课、互动交流及分组研讨后汇报模式。

显然，在如图 9-1（a）所示的单纯听课和互动交流模式下，只要数字技术（数据技术、网络技术、计算技术等）能力允许，同时听课的学生的数量就可以不断地扩大，这时组织是扁平的，在教师和学生之间不需要中间层级。

但在如图 9-1（b）所示的听课、互动交流及分组研讨后汇报模式下，就必须在教师与学生之间再增加一个层次，也就是组长层次。

　　这个组长层次能否用数字技术替代，以进一步让组织架构扁平化呢？目前来看是非常困难的，除非我们能够开发出与"组长"在组织研讨和汇报活动中能力相同的智能设备（如人工智能机器人等）来充当组长的角色，但依靠目前的技术水平还无法做到，还需要进一步研究和开发。

　　通过上面的小例子可以看出，在数字经济环境下，企业的组织架构是否都进行了完全的革命性重构（如所有组织都向完全扁平化方向发展，或者全部采用"阿米巴"的组织架构模式等）并不能一概而论。

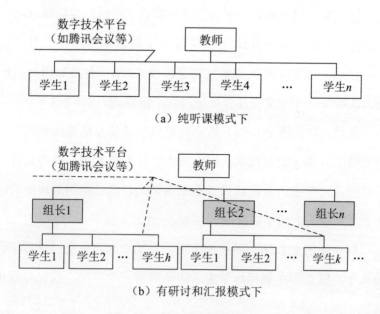

（a）纯听课模式下

（b）有研讨和汇报模式下

图 9-1　数字经济环境下不同功能的组织架构比较

由此可见，影响组织架构的因素主要有两个方面：一是技术水平（包括相关设备、设施的科技创新水平和数字技术水平等）；二是组织架构要实现的功能。显然，组织架构要实现的功能是由其目标（干什么）决定的，而目标是由企业的战略决定的。

9.2　企业数字化转型组织重构的 8S 方法

根据上述分析可知，影响组织架构的因素主要是由技术水平和组织架构要实现的功能两方面决定的，而功能又是由企业战略所确定的目标决定的。因此，可以得出企业数字化转型中组织设计和构建的基本方法，具体分为如下 8 个步骤。

（1）根据文化指导战略、战略指导组织的逻辑，通过战略目标的分解，明确组织的目标。简言之，就是要"明确目标"。

（2）按照组织目标设计组织的层级，同时设计各层级中各职位（岗位）的功能（包括责、权、利等）。简言之，就是要"划分职位"。

（3）考察数字技术及其关联技术的功能能否替代某职位的功能。简言之，就是要"考察功能"。

（4）对能够替代的职位，用数字技术及其关联技术进行替代，同时对技术进行优化。简言之，就是要"替代职位"。

（5）对不能用数字技术及其关联技术替代的职位，仍需要用人工，但应考虑组织方案的优化（其中也包括采用技术手段进行支撑的问题）。简言之，就是要"优化方案"。

（6）根据上述分析结果，综合考量后设计组织结构。简言之，就是要"设计组织"。

（7）在综合考量企业整体组织架构设计（包括对外部组织功能的衔接）的基础上，架构数字化系统（包括对数字技术及其关联技术的衔接）。简言之，就是要"架构系统"。

（8）将上述组织结构方案进行落地实施，并不断进行反馈和持续改进。简言之，就是要"持续改进"。

本书将上述 8 个步骤的方法命名为"企业数字化转型组织设计 8 步法"（8S-OD）（8-Step Organizational Design for Enterprise Digital Transformation），即"明确目标、划分职位、考察功能、替代职位、优化方案、设计组织、架构系统、持续改进"，如图 9-2 所示。

该方法的英文首字母缩写为"CDSIODAC"（Clear goals，Divide positions，Substitute position，Investigation function，Optimization scheme，Design organization，Architecture system，Continuous improvement）。

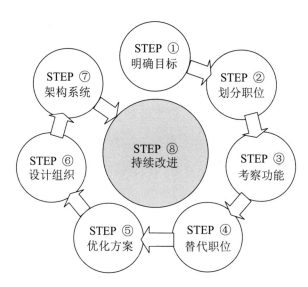

图 9-2　企业数字化转型组织设计 8 步法（8S-OD）

9.3　超柔性组织的构建

上述企业数字化转型的组织设计方法主要是针对企业的人力资源组织架构来探讨的。从整体范畴来看，企业的资源种类众多、数量庞大，特别在数字经济环境下，数据也会作为一种重要的资源出现（一般来讲，企业积累起来的有价值的数据往往又被称为"数据资产"）。在数字经济环境下，针对企业众多的资源，如何进行合理组织与利用，实现"正确地做正确的事"，是企业数字化转型"组织"构建时需要考虑的重要问题，因为"组织"的对象就是企业中的各种资源。

众所周知，不论是在传统环境下还是在数字经济环境下，企业中的资源从功能角度划分主要有业务资源（如人员、物资、土地、物业、设施、设备等）、资金资源和信息资源。在数字经济环境下，信息主要以数据的形式表现，因此**企业关注的资源主要有"业务资源、资金资源和数据资源"**。

如前所述，与传统环境下不同的是，数字经济环境下企业的经营管理显示出一些新的特征（如精准、跨界、融合、链接、共享、共创、生态等），这些特征表现在不同的供需关系上，必然以个性化的形式呈现（如个性化的需求和个性化的供给）。因此，企业在资源整体的组织和利用上必须考虑的一个核心问题是如何提升资源配置和利用的"柔性"（灵活性）（flexibility）进而实现供需双方的"个性化诉求"。因此，对于企业而言，如何通过数字化转型构建一个非常柔性化的组织对企业而言至关重要，本书称之为"**超柔性组织**"（Super Flexible Organization）。

数字经济环境下企业的"超柔性组织"的架构关系如图 9-3 所示。在该组织中，各类资源动态地存储在资源层的资源池中，价值活动单元是资源的动态组织单元，不同价值活动单元的活动形成了不同产品/服务的组合类别，进而为客户和企业创造了不同的价值。

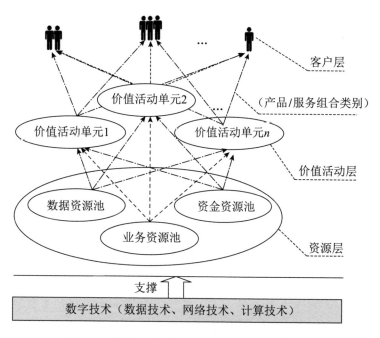

图 9-3 数字经济环境下企业内部组织架构示意

例如，在数字经济环境下，阿里巴巴旗下的盒马鲜生模式对传统大中型超市的经营模式产生了较大冲击。该模式充分拓展了传统商超商品零售的单一模式，消费者既可以到店购物，也可以要求对食材进行当场加工和堂食，还可以实现门店附近 3 公里 30 分钟送货上门。所有这些服务都可以当场在线下或在盒马 App、自助设备下单结算。可以说，这种集线上线下购物结算、商品零售、食材加工、餐饮服务、外送服务及其他惠民服务等于一体的跨界融合定制模式已经是当前商超转型的一个方向。

同时，在数字经济环境下，由于有互联网的广泛连接和精准的企业内外部环境以及客户需求 / 参与大数据的有力支撑，企业可以方便地实现跨界、融合、客户深度参与的个性化定制模式（TIPC），而不再局限于传统单一行业内产品 / 服务的定制。这种新型的跨界、融合、客户深度参与的个性化定制模式也对企业组织架构的"柔性"提出了新的挑战，企业必须构建"超柔性组织架构"才能实现有效的支撑。

例如，对于某养老院而言，基于互联网和大数据的分析很容易实现给不同老年人（或不同群体）提供精准的个性化养老组合服务。每个养老服务组合中都可能包括服务层中的医疗、餐饮、娱乐、康体、情感等多项服务。服务的提供，可能需要调用资源层中若干不同种类和数量的跨界资源。比如，某位老年人想到院外用餐，必须调用资源层中的外部饮食资源和出行资源才能实现。其所构建的"超柔性组织"如图9-4所示。

再比如，华为的超流动组织也是一个较为贴近的例子。

竞争性市场的显著特点之一就是对各类刺激的反应极其灵

活——价格、供应数量、产品规格、技术应用、营销渠道，甚至商业模式都以惊人的速度进行调整。与此形成鲜明对比的是，组织内部的调整往往慢似蜗牛。这也是为什么许多曾位居全球领导者地位的公司在面临市场混乱时陷入了困境甚至消失。随着商业环境变化加快，内部架构和流程适应外部环境中的关键因素至关重要。华为在打造超级流动性组织方面主要做了如下工作。

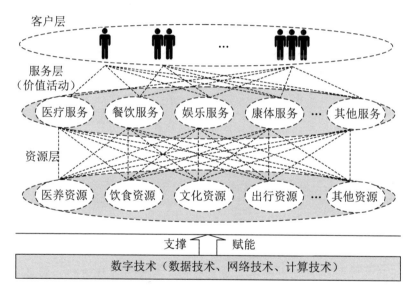

图 9-4　数字经济环境下的养老企业组织架构示意

1. 围绕客户需求设计组织

要满足市场不断变化的需求，最佳方法是根据客户需求设计并不断调整企业。为此，华为发展了一套只要客户需求改变，就相应调整内部组织的管理实践。

（1）成立三大业务集团与服务集团。华为采取被称为"拧麻花"的混合结构，即将事业部组织的某些特点与职能平台及区域销售支持结合起来。组织架构不是围绕特定产品设计，而是创建了三个综合业务集团——电信运营商业务集团、企业集团、消费者集团。每个集团针对特定的竞争对手争夺市场。

在三大业务集团背后，又有三个服务集团提供支持，主要目标是提升应变速度、敏捷性和灵活性。第一个服务集团由数个共享功能平台组成，包括财务、人力、采购、物流和质量控制，为三大业务集团提供必要的支持服务。第二个服务集团是区域销售组织，协助三大业务集团与世界各地的客户建立联系。第三个服务集团名为"产品和客户解决方案"，其功能是整合内部研发资源，为三大业务集团的客户提供产品和整合信息与通信技术（ICT）解决方案。

（2）随着客户需求变化调整组织架构。2002年及以前，华为的组织结构是集中控制、功能驱动，基于产品线运作，而且层级分明。2003年，随着业务扩展到越来越多的国家和地区，华为转型为一个更加基于国家的组织架构。总部负责管理华为在各个国家的代表处（各国分公司），代表处再控制销售办事处。4年后，华为发现客户的新需求是定制网络解决方案，但要想抓住机会就得整合不同产品线、职能部门甚至不同区域的资源和能力。华为拆散了原有结构，设立了7个地区办事处，覆盖全球市场。后来华为认识到市场覆盖范围过大会影响办事处的响应速度，又将地区办事处迅速调整为16个更为灵活的分区办事处。为了支持定期重组，华为还经常创建新的子公司，为客户提供优质服务。

（3）华为以客户为中心的组织创新和设计还有另一个重要基础，就是打造所谓的"资源池"。具体来说，华为将麾下高级人才纳入一个虚拟的人力资源库。此举可将顶尖人才与职能部门分离，可以随时在全球调配，从而使经验最丰富的人才可以完全自由流动，这也是建立超级流动性组织的关键。

（4）组建"铁三角"，即以全球代表处为核心的独特团队结构。该想法产生于2004年，当时华为在国外的业务团队意识到，服务客户需求最有效的方式是将重要领域的专家团队（如客户管理、产品解决方案和项目实施）聚在一起，从一开始就与客户开展合作，开发新项目。如今，每个新项目启动时都由项目经理组建"铁三角"团队，项目经理有权从人才库里征用具备专业能力的人员。虽然项目负责人的职级通常较低，但动用资源时拥有巨大的决策权，远远超出了职级限制。在这种机制下，决策权下放到一线"战斗"部门，负责人可以根据不断变化的市场状况立即做出关键决策；必要时可以凭借自己的判断"呼叫"总部充分发挥整个组织的火力优势。用任正非的话说："让能听到炮火的人（如项目经理）指挥炮火。"

通过应用以上各项创新举措，华为以客户为中心，成为几乎完全围绕客户项目而构建的企业。为确保以客户为中心，评估个人业绩时，标准是其所在团队服务客户时的贡献比例。个人薪酬和晋升都要根据团队表现而定，奖金只颁发给获奖团队。

2. 通过灵活的职能平台提供支持服务

华为开发了 10 个支持功能平台，内部称为"资源平台"，目的是帮助一线项目团队迅速获得所需的能力和资源。这些平台围绕不同能力构建，包括研发和技术、测试、制造、全球采购、市场和销售、人力资源、财务和资本、行政服务、知识管理和数据共享等。

由于以客户为中心的项目团队可以自由使用平台而不用单独设立职能部门，从而在行动时能够做到快速、灵活且流动，华为因此才能发展成为流动性极强的企业。不过，随着华为拓展新客户群及新地区，平台中的流程数量呈现爆炸式增长，操作变得过度复杂。目前，华为已开始大规模简化流程。

3. 中高层管理人员的持续轮岗

在华为，中高层管理者会在不同的工作岗位之间轮换，甚至包括首席执行官。高管轮岗有其缺点和取舍，不过华为认为，该制度在打造超级流动性组织方面，推动作用远超其负面影响。

（1）通过中层和高管的轮岗，可以消除建设企业帝国时常见的组织僵化问题。高管在内部建立小地盘的难度大大加强，在某个部门或子公司积攒资源和权力的动力会降低。同时，所有高管都经历过不同领域和职责，这也意味着他们更加了解不同部门可能提供的更大价值、面临的压力和取舍，因而会在整个组织内实现更强有力的合作。

（2）避免讨好老板。对华为的项目负责人来说，讨好老板毫无意义，因为你很清楚再过一两年他就会离开目前的职位，转岗到下一处。薪酬和晋升前景并不取决于老板喜不喜欢，只看项目有没有帮助客户盈利。

（3）培养管理者，让他们比较轻松地获得高管资历中需要的"多种职责"。升至高层后，华为的管理者不再是干了一辈子的"研发""财务"或"营销"人员，而是多面手。

（4）有助于促进创新。随着中层和高管轮岗，每项工作都可以从新的角度审视。这是华为组织灵活流动的另一个关键因素。

（5）激励管理者提高新想法的实施速度。身处华为面临的快速变化的商业环境中，速度是关键。同时，在工作的可延续性方面，也鼓励新任管理者在前任工作的基础上创造性地发挥优势和能力，而不是推倒重来。

4. 超级流动的企业文化

上述举措正是在华为以变革为核心的企业文化指导下展开的，进而打造了华为超级流动的企业文化。

这种极其注重变革的企业文化的形成可以追溯到 1996 年，当时华为成立不到 10 年。那一年，公司要求最强大也最有影响力的营销和销售部门全体辞职，然后根据实际条件和业绩评估重新聘用。这一举措打破了已经扎根并开始影响组织活力的公司政治和权力争斗，并让华为发出明确信息，即个人和企业的成功源于根据不断变化的市场及时在资源和个人能力之间形成动态契合。

但这样的文化很难如愿维持。因此，任正非启动第二次大规模辞职。这一次，7 000 名员工需要根据个人条件和业绩重新申请工作岗位，而不能靠资历。另外，旧的员工编号作废，每个人的资历就无法通过工号显示出来。为了强化这一变革举措，任正非呼吁员工忘记公司历史，着眼于未来努力前进，即便这样做有可能影响短期的利润。

华为打造超级流动性组织的秘诀，就是保持激进。华为定期拆解和重组自身，每一轮"自毁"更新之后，华为都变得更强大。从这个意义上说，华为践行了"创造性破坏"的理念。通过不断创新，促进人才、知识和资源的快速流动，华为的模式远远超过

"学习型组织"或"敏捷型公司"。

然而，华为追求超级流动性也并非没有潜在问题。华为在一定程度上低估了边界的重要性，因为边界可以帮助不同部门培养身份认同感，并提升忠诚度。超级流动性还可能会妨碍企业"留存记忆"，即妨碍通过不断学习形成常规，而这些常规往往可以为决策者提供个人行为的参考框架。如果缺乏这些基本要素，组织可能变得低效，特别是在许多公司面临当今混乱复杂和高度竞争的环境时。事实上，面对不确定性的增加，这些帮助个人应对各种复杂情况的组织参考系统可能比以往更为重要。

成熟的企业管理人员不应该也不可能评价任何一个企业的做法是否正确（包括著名和知名的企业在内，前面已经探讨过这个问题），企业的案例只是用来进行参考和分析的。

通过本章分析和阐述可以看出，在企业数字化转型的组织架构设计中，组织重构的本质和逻辑依然比较清晰。我们始终要围绕"干什么"和"怎么干"对组织的设计与构建进行指引，一定要明确数字技术（包括关联技术）能干什么、不能干什么，这样才能真正实现"正确地做正确的事"，切不可盲目照搬、乱干蛮干。在企业数字化转型中，我们除了要把握前述章节提到的"敬畏"技术之外，更需要敬畏"管理"。"敬畏"就是要遵循客观规律，

不能不加调查与思考地主观想象和认为，更不能简单地对标照搬。

例如，混合云技术是将私有云和本地数据中心与公有云结合在一起的模式。混合云的最佳实现形式是公有云与私有云采用统一架构，实现应用程序的底层资源按需负载，使数据自由流动，提升数字化效率。借助混合云，企业可以在日常运营中使用私有云资源，数据涌入等业务需求激增时，使用公有云资源做补充，通过灵活调整工作负载、提升云资源利用效率，以更低的成本满足数字化创新的资源需求。

凭借"星云"平台在工信部信通院主办的"2021混合云大会"中获选优秀案例的中国农业大学，较早感受到数字技术的创新加速，针对高校治理体系和人才培养提出的新要求与新挑战，率先迈出高校混合云建设步伐。为了更好地给学校几万名师生员工提供教学、科研、管理和校园生活服务，让每一位师生都能体会到智慧校园带来的便捷，中国农业大学从开始规划私有云平台转变为选择青云科技的混合云方案进行部署。事实证明，良好的资源底座成为校园数字化的有力支撑，单是混合云支撑的校园综合服务平台已累计办理服务18万次，师生少跑腿53万次。

第 10 章

数字化转型的全域驱动力理论

10.1 企业数字化转型的全域视角

本书前述章节已经从多个层面和主要方面对全方位做好企业数字化转型进行了讲解。为了更好地应对企业数字化转型中普遍存在的问题，从全方位、系统性、立体化的角度做好企业的数字化转型，实现经济和社会的高质量发展，在前述相关数字化转型理论与方法的支撑下，需要从五个层面的全域视角进行全面、系统的考察、推进和落地。

这五个方面的视角即理念视角、战略视角、组织视角、运作视角和技术视角，如图 10-1 所示。

例如，在理念视角上，企业应该认识到数字化转型绝不是简单的信息化改造，更不是简单地用一种技术资源替换另一种社会资源，如机器换人，而是要用数字技术支撑起来，让所有的社会资源更好地创造价值。

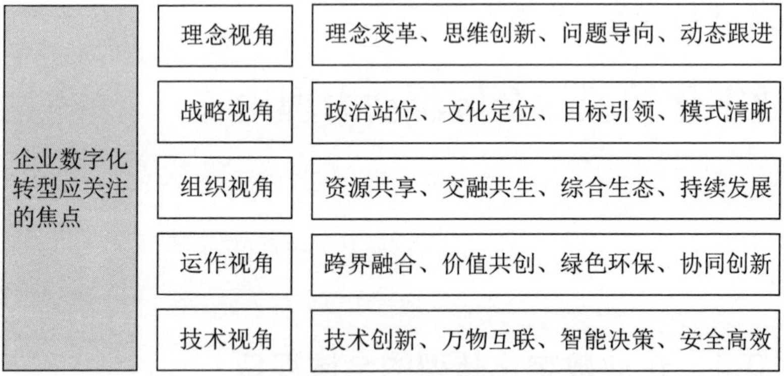

企业数字化转型应关注的焦点	理念视角	理念变革、思维创新、问题导向、动态跟进
	战略视角	政治站位、文化定位、目标引领、模式清晰
	组织视角	资源共享、交融共生、综合生态、持续发展
	运作视角	跨界融合、价值共创、绿色环保、协同创新
	技术视角	技术创新、万物互联、智能决策、安全高效

图 10-1 企业数字化转型的全域视角

在新思维引领下进行数字化转型的战略决策时，一定要政治站位高、目标和方向明确，充分发挥各类别、各种形式的数据在企业决策中的重要作用。有时候我们不是没有数据，而是对数据的认识有所偏差，因而很多数据变成了无用信息。同样一个数据，在不同的场景下可能发挥的价值并不一样。比如，在影视行业中，很多拍过的电影成为了历史数据，如果放到硬盘上，存到库房里永远不用，肯定没有价值，但如果能方便地调用其中的某些场景数据则可以产生很大的价值。我们对于数据的认识还远远无法像其他资产那样容易地进行评估、量化甚至交易，这些都需要进行前沿性的探索和研究。

从组织视角来看，数字化转型的关键是实现资源共享、交融共生，打造综合生态，实现持续发展。而在运作视角方面则主要考虑如何实现跨界融合、价值共创、绿色环保和协同创新。此外，在技术层面，前述提到的有关软硬件技术创新、万物互联、智能决策与安全高效等都是需要关注的重点。

为了更好地助力我国企业从全方位、系统性、立体化的角度做好数字化转型，围绕上述五个方面的视角，本书作者提出了企业数字化转型的全域驱动力理论（Global Driving Force Theory，GDFT）。具体包括下面两种方法：

一种是企业数字化转型的"全域成熟度评价模型"（Global Maturity Evaluation Model，GMEM），如图 10-2 所示；另一种是企业数字化转型的"全域驱动力模型"（Global Driving Force Model，GDFM），用来指导企业的数字化转型实践。

10.2　全域成熟度评价模型（GMEM）

企业数字化转型的全域成熟度评价模型（GMEM）的核心理念是建立在前述企业数字化转型指导框架"三维驱动 - 五位赋能（3D5E）"模型基础上的，从理念视角、战略视角、组织视角、运作视角和技术视角的 20 个重要评价方面对企业的数字化转型状况和程度进行综合评价的系统方法。

企业数字化转型的全域成熟度评价模型（GMEM）由图

10-1 中的 5 个视角 20 个单元作为主体评价内涵，同时引入双维关联评价逻辑。双维关联评价（Two Dimensional Correlation Evaluation，TDCE）逻辑是将企业运行状况评价与数字技术赋能评价有机结合，充分展示数字化变革理念与内涵的新型评价方法。通过双维关联评价，可以得出企业各层面视角下数字化转型的成熟度，并评估企业数字化转型的全域成熟度，如图 10-2 所示。

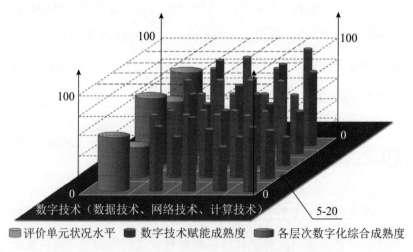

图 10-2　企业数字化转型全域成熟度评价模型（GMEM）

　　企业数字化转型的全域成熟度评价模型（GMEM）可以全方位、立体化、系统性地评价企业数字化转型的综合成熟度水平，精准分析企业数字化转型中存在的问题和改进的方向。

在对企业数字化转型进行全域成熟度评价的基础上，可以有针对性地、全面地找出企业数字化转型中的薄弱环节，同时分析改进的方向。在此基础上，运用企业数字化转型的全域驱动力模型（GDFM）对企业的数字化转型工作方案进行整体部署和有序推进。

10.3　全域驱动力模型（GDFM）

企业数字化转型的全域驱动力模型（GDFM）进一步阐述了企业数字化转型的主体、转型的对象、转型的支撑、转型的环境及转型的驱动力之间的关系，如图 10-3 所示。

企业数字化转型的主体是企业，转型的对象是企业的经营管理活动，包括战略层（主要考虑的是目标）、组织层（主要考虑的是资源）及运作层（主要考虑的是业务）的经营管理活动。

企业数字化转型的支撑是技术，这里所说的"技术"并不完全等同于数字技术，而是指与企业的战略层、组织层及运作层的经营管理活动息息相关的各种技术（如材料技术、仪器技术、设备技术、工艺技术、优化技术等）。该技术支撑着战略层、组织层及运作层的经营管理活动，为其提高活动效率、提升活动效果。该技术也是数字技术赋能企业经营管理活动的桥梁和载体。例如，要想实现档案管理的完全数字化，需要先开发纸质档案的精确识别设备，才能有效地将纸质档案上的信息转换为数据。精确识别设备的技术就属于这里所说的"技术"范畴。

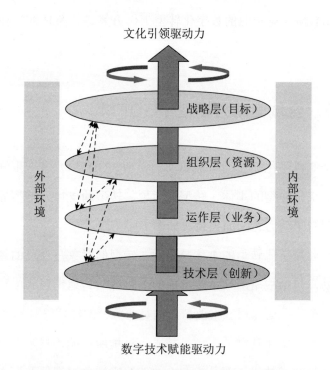

图 10-3　企业数字化转型全域驱动力模型（GDFM）

企业数字化转型的环境是对企业数字化转型有影响的内外部环境的统称。当然，其中包括很多方面的因素，比如外部环境中有对企业数字化转型有影响的宏观环境因素和微观环境因素，内部环境中也有对企业数字化转型有影响的各个层面、各个方面的因素等。企业数字化转型的过程也就是不断适应内外部环境平衡关系的过程。由于环境永远在变，因此企业数字化转型永远在路上。我们很难在某一个时间点上给某个企业贴上"数字化转型成功企业"的标签。

企业数字化转型的驱动力是全域驱动力模型的关键，其中有两个驱动力，一个是文化引领驱动力，另一个是数字技术赋能驱动力。

全域驱动力模型（GDFM）的运行机理

如图 10-3 所示，企业数字化转型的全域驱动力模型（GDFM）在结构上与我们熟知的电机的结构类似。其中，内外部环境相当于电机的磁极，它们构成了磁场；中间部分相当于电机的转子，在磁场中转动。

众所周知，电机的原理可以简单概括为：电机的转子在通电后产生磁场，与外部磁场形成同性相斥、异性相吸的相互作用力，进而推动转子不停旋转。

本质上，转子旋转的过程也就是不断平衡各方力量的过程。因为"同性相斥、异性相吸"的本质，遇到排斥力时我们会不由自主地向后，遇到吸引力时我们会不由自主地向前，但我们的行动不能完全由排斥力和吸引力决定，必须考虑如何才能行动得更稳，这本身就是平衡各方力量的过程。

可以说，企业的经营管理活动本身就是一个动态平衡的过程。如果不平衡，就没有办法做决策。因为任何决策都是多目标决策，很少有单目标决策，即便是我们前面谈到的价值的判定也是在三大法宝这三个综合指标之间进行平衡的决策。

不论是企业还是个人，其在做任何决策时都是在时间和空间两个维度上进行平衡的，如图 10-4 所示。

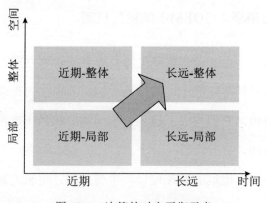

图 10-4　决策的时空平衡示意

时间维度上就是要平衡近期与长远之间的关系。比如，以个人为例，是为了追求每天的口福这一近期目标而暴饮暴食，还是考虑未来的健康这一长远目标而有节制地饮食；是为了追求每天的快乐而沉迷于游戏，还是考虑未来的发展而认真学习。以企业为例，是为了追求短期利润的增加而采用不合格的原料，还是为了保证长远的品牌和口碑采用质量过硬的原料；是为了迎合考核评估这一短期目标而采用上新系统的方式做数字化转型，还是为了保证企业的长远发展、解决问题和痛点而通过深入细致的研究来推进数字化转型等。

空间维度上就是要平衡局部与整体之间的关系。比如，以个人为例，是为了考虑个人欲念的局部私利而做出损害社会资源的事，还是公心为重；是为了自己的私利而大肆贪腐公共财产，还是考虑组织的健康发展等。以企业为例，是把企业局部某环节的数字化转型当作成功数字化转型的目标，还是从企业全局着手，通过抽丝剥茧，逐步深入地做好全面的数字化转型；是为了企业自己获利而搞垄断经营，还是考虑社会的发展而公平竞争等。

企业的外部环境、内部环境都是在不断变化的，企业发展的过程就是不断适应内外部环境平衡的过程，如图 10-5 所示。

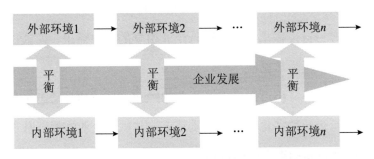

图 10-5　企业发展与内外部环境的平衡关系

　　这里需要强调的是：一般来说，我们要适应的环境变化实际上包括外部环境和内部环境两个方面，并不完全是要适应外部环境。在这一点上，企业很容易存在理解上的误区。

　　例如，企业在一定时间点上面临的需求状况属于外部环境，而企业拥有的各种资源与能力状况属于内部环境。客户需求发生了新的变化后，企业能否完全适应这种外部环境的新变化，还取决于内部资源与能力能否支撑。比如，客户如果想要"月亮上的玉兔"，企业是不可能到月亮上抓玉兔回来的。此时企业不可能完全适应外部环境，而是需要通过某种手段影响外部环境，如开发与玉兔形状一样的玩偶，通过引导客户的需求让客户接受这一现实。此时，外部环境也就从客户需要玉兔变成了客户需要"玉兔玩偶"了，而企业的内部环境（资源与能力）是可以提供"玉兔玩偶"的，从而使企业的内外部环境达到了新的平衡。

　　因此，如前所述，以客户需求为中心的理念，并不是要满足客户的所有需求，而是要满足客户的合理需求。客户需求有两种，一种是客户自发需求，另一种是企业引导的客户需求。实践中，第二种需求更为常见。

　　通过上述分析可以看出，企业的经营管理活动是动态平衡的过程，而企业数字化转型的本质是支撑与赋能企业的经营管理活动，因此也是动态平衡的过程。

如图 10-3 所示，在数字技术赋能驱动力的驱动下，企业对各层面（战略层、组织层、运作层、技术层等）的经营管理活动不断进行调整和优化，不断地适应企业内外部环境的平衡，推动企业数字化转型不断前进。前进的方向是由文化引领驱动力驱动的，以保证企业数字化转型工作的政治站位和方向的正确性。同时，技术层与战略层、组织层、运作层的经营管理活动双向交互和渗透，保证企业技术的前沿性、先进行、针对性和适用性。这就是全域驱动力模型（GDFM）的运行机理。

在全域驱动力模型（GDFM）运行机理的指导下，企业需要在生命周期内不断地规划和优化自己的数字化转型方案并予以落地，从而不断地赋能企业的成长，实现企业基业常青。

如何在上述企业数字化转型的全域驱动力理论（GDFT）的指导下，更好地推进企业数字化转型的实施与落地，是我们需要思考的下一个问题。

第 11 章

企业数字化转型的推进与落地

11.1 企业数字化转型路线图（推进步骤）

在了解了本书前述章节有关企业数字化转型的相关逻辑、架构、理论与方法之后，我们需要进一步探讨如何推进企业数字化转型的实施与落地。

本节我们将介绍基于全域驱动力理论（GDFT）的企业数字化转型路线图（推进与落地步骤），供企业在推进数字化转型时参考。

如图 11-1 所示，企业在推进数字化转型工作时，主要应进行四个步骤的操作：企业数字化现状调研及全域成熟度评估；企业数字化转型的总体规划方案制定；企业数字化转型的具体实施方案制定；企业数字化转型方案的落地与改进。

在第一步——企业数字化现状调研及全域成熟度评估中，主要应进行企业数字化现状的全域调研；通过引入全域成熟度评估模型，进行全域成熟度评估分析；查找企业数字化现状中存在的问题和薄弱环节；通过分析问题，明确企业数字化改进的总体方向。

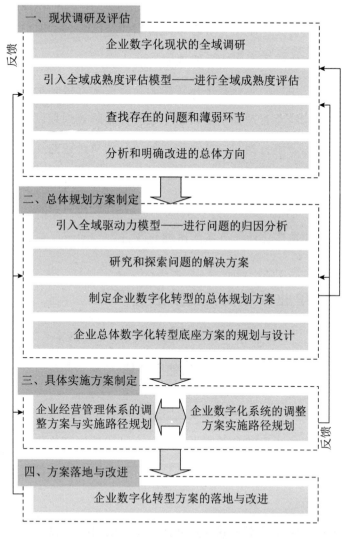

图 11-1　企业数字化转型路线图

在第二步——企业数字化转型的总体规划方案制定中，主要应通过引入全域驱动力模型，进行问题的归因分析；研究和探索问题的解决方案；制定企业数字化转型的总体规划方案；进行企业总体数字化转型底座方案的规划与设计等。

在第三步——企业数字化转型的具体实施方案制定中，主要应制定企业经营管理体系的调整方案与实施路径规划以及企业数字化系统的调整方案与实施路径规划，分别从企业的经营管理逻辑和数字化赋能逻辑的角度并行推进企业的数字化转型。

在第四步——企业数字化转型的具体实施方案制定中，主要应进行企业数字化转型方案的落地与改进。

11.2　企业数字化转型推进的要点

企业数字化现状调研及全域成熟度评估

在企业数字化现状调研及全域成熟度评估中，核心工作是在调研企业数字化现状的基础上，引入全域成熟度评价模型对企业的数字化现状进行全域成熟度评估和分析，进而找出存在的问题和薄弱环节。

企业数字化转型全域成熟度评价（EDGME）的步骤如下：

（1）针对目标企业，对如图 10-2 所示的 5 个视角 20 个评价内容单元的现状水平进行评测，并给出评分值；

（2）针对目标企业，同时对各评价内容单元的数字技术支撑水平进行评测，并给出评分值；

（3）对（1）和（2）的评测结果进行双维关联评价分析，给出目标企业各层面视角下数字化转型的成熟度；

（4）评估目标企业数字化转型的全域成熟度。

例如，通过调研 ×× 公司的数字化现状，运用企业数字化转型全域成熟度评价（EDGME）方法评估出该公司的全域成熟度为 59.75 分，如表 11-1 所示（评分量表为 0 ～ 100 分）。

表 11-1　×× 公司数字化转型全域成熟度评价表（举例）

双维关联评价	评价视角	评价内容单元				数字化成熟度
1/5	理念视角	理念变革	思维创新	问题导向	动态跟进	
状况评估	70	90	70	80	40	68.75
赋能评估	67.5	80	40	70	80	
2/5	战略视角	政治站位	文化定位	目标引领	方向明确	
状况评估	67.5	100	30	70	70	72.5
赋能评估	77.5	100	60	70	80	
3/5	组织视角	资源共享	交融共生	综合生态	持续发展	
状况评估	27.5	30	10	10	60	46.25
赋能评估	65	80	30	70	80	
4/5	运作视角	跨界融合	价值共创	绿色环保	协同创新	

双维关联评价	评价视角	评价内容单元				数字化成熟度
状况评估	37.5	10	40	70	30	52.5
赋能评估	67.5	70	80	50	70	
5/5	技术视角	技术创新	万物互联	智能决策	安全高效	
状况评估	42.5	50	40	0	80	58.75
赋能评估	75	70	80	70	80	
××公司数字化转型全域成熟度：59.75						

在对目标企业进行上述全域成熟度评估及问题查找的基础上，从全域驱动力角度进行问题的归因分析，研究和探索问题的解决方案，在此基础上，制定企业数字化转型的总体规划方案，同时进行企业总体数字化转型底座方案的规划与设计工作。

其中，从全域驱动力模型（见图10-3）的角度进行问题的归因分析时，需要从环境洞察、文化与战略、业务与模式、资源与组织、管控与制度、流程与活动、技术与创新、数字与赋能等全方位、系统性的企业经营管理活动方面，与全域成熟度评价模型中的20个评价内容单元进行交叉诊断与分析（如表11-2所示），进而实现目标企业数字化问题的归因。

企业数字化转型的规划方案制定

根据本书前述章节有关企业数字化转型的总体框架，问题的归因需要落到决策上，决策归因的逻辑示意如表 11-2 所示。

表 11-2　企业数字化问题的全域交叉诊断分析和决策归因

全域驱动力诊断方面	理念视角				战略视角				组织视角				运作视角				技术视角				决策归因
	1	2	3	4	1	2	3	4	1	2	3	4	1	2	3	4	1	2	3	4	
环境洞察																					环境洞察决策
文化与战略																					文化决策与战略决策
业务与模式																					
资源与组织																					建网、管网、用网中的一系列决策
流程与制度																					
执行与管控																					
技术与创新																					技术支撑决策
数字与赋能																					数字技术赋能决策

对应评价内容单元存在问题的原因诊断、分析和决策归因

通过本书前述章节阐述可知，企业的全方位经营管理活动及数字技术（包括关联技术）赋能活动最终必将体现在各种活动的决策过程中。因此，只有全面把握企业的"决策"才能体系化地推进企业的数字化转型工作，只有全面把握"决策"才能使本书前述章节阐述的理论与方法得到运用与落地，也只有全面把握"决

策"才能真正实现前述提出的"价值驱动"和"数据驱动"等过程，并且避免在数字化转型的推进中陷入迷茫。

在对目标企业数字化转型问题进行合理归因的基础上，需要从企业经营管理活动改进及企业数字技术赋能活动改进两个方面，探索问题的解决途径。问题的解决途径最终将体现在各项决策的优化中。在此基础上，制定企业数字化转型的总体规划方案来指导企业全方位决策过程的变革，如图 11-2 所示。

总体规划方案主要围绕三部分内容展开，即环境内容部分、企业经营管理内容部分及企业数字化运行系统部分。

环境内容部分主要围绕企业外部环境的分析、预测与研判和内部环境的分析、预测与研判展开。企业经营管理活动内容部分围绕企业的文化、战略，供应链管理中的建网、管网及用网层面的分析、研判、诊断以及方案的调整、实施、落地、评估、改进等内容展开规划。

企业数字化运行系统也就是支撑企业数字技术（包括关联技术）运行的系统。图 11-2 中的企业数字化运行系统内容部分主要围绕运行系统的分析、研判与诊断，运行系统的方案和蓝图设计与调整，运行系统的实施与落地，以及运行系统的评估与诊断等内容展开规划。

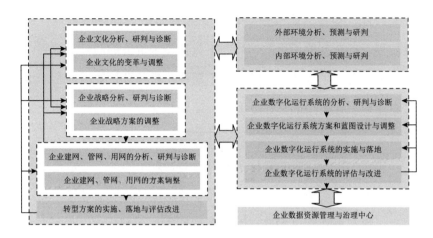

图 11-2　企业数字化转型总体规划方案

企业数据资源管理与治理中心

由图 11-2 可以看出，在企业数字化转型的总体规划中还有一个非常重要的内容——企业数据资源管理与治理中心。

在数字化转型中，对企业数据资源的管理与治理无疑是需要考虑的重要方面。"数据"是数字经济发展和企业数字化转型的基础资源，管理好数据资源，使数据"可得、可存、可用、可转（如交易等）"，是数据管理的终极目标；如何保证数据在"得、存、用、转"等过程中的合理性、合法性、便利性、安全性、规范性等则是数据治理要探讨的核心问题。

因此，对任何企业而言，需要对数据的管理与治理进行认真规划，要在有效使用数据和利用数据带来价值的同时，做到未雨绸缪、防患于未然。同时，要不断地积累和分析数据，不断地对企业数字化转型的总体方案进行调整和动态修正，而不能一锤定音。

实践中，上述企业数据资源管理与治理中心并不一定是要规划一个独立的系统，也可以嵌入数字技术运行系统中进行规划，但我们将其单独拿出来进行阐述，足见其在企业数字化转型中的重要意义。

具体实施方案制定

在上述总体规划的基础上，进一步进行具体实施方案的制定，主要包括企业经营管理活动的调整方案与实施路径规划以及企业数字化系统的调整方案与实施路径规划。

如图 11-2 所示，这两方面的具体实施方案是相辅相成的，其制定应该同步推进，因为其中涉及企业经营管理活动转型目标（包括解决问题）与数字技术（包括关联技术）赋能之间的匹配协同。受当前数字技术水平的限制与制约，并不是所有的问题及我们想要实现的目标都能靠技术资源和技术手段来解决，或者实施起来投入太大、风险太高。这种情况下，我们需要尝试局部赋能或者通过阶段性改进赋能手段等途径进行推进。

如果我们试图通过数字化转型解决的问题不现实或者我们想要实现的目标较为理想化，在当前并不具备实施的条件，或者探索的成本或风险太高，也需要适当地调整转型目标和预期，这也决定了企业的数字化转型是一个经营管理活动变革与数字技术发展不断平衡的过程，也是一个不断迭代创新、动态前进的过程，不可能一蹴而就。

总之，在推进企业数字化转型时，需要把握几个核心原则：立足长远、总体规划、局部突破、持续改进、融合创新。

例如，近年来，为了更好地从全方位、系统性的角度推进我国企业的数字化转型，在上述基于全域驱动力理论（GDFT）的企业数字化转型路线图的指引下，中国人民大学中国企业创新发展研究中心（数字经济产业创新研究院）已经为若干行业的若干企业进行了数字化转型的规划工作，构建了把握时代特征、独具企业特色的转型蓝图。

鉴于篇幅所限，针对上述企业数字化转型推进过程中的具体细节这里不做过多阐述。感兴趣的读者可以与本书作者联系，或者关注后续相关参考和指导书籍。

打造数字经济产业生态的必要性

与此同时，我们也清楚地看到，尽管企业的数字化转型应该从多个层面，全方位、立体化、系统性地进行整体规划、蓝图设计和落地推进，但难点肯定是存在的。

有时候，从单一的企业角度讲，企业并不一定有能力实现很多社会资源的有效对接与充分共享。这需要社会上的各个资源主体（如地方政府、产业园区等）在推进地区的数字经济转型时，与企业通力合作，从营商环境、政策扶持等多个方面引导和帮扶企业开展数字化转型；而企业也应该充分利用自身的技术、资源和模式优势，为地区的数字经济发展及经济社会的高质量发展做出贡献。

例如，润泽科技集团在衡阳市打造的智惠产业创新城项目，通过与地方政府协同，将基于数字技术支撑的现代供应链服务模式与衡阳市打造智慧国家物流枢纽的契机相结合，有效探索地区数字经济发展及企业数字化转型的新模式和新路径，有效打通基于"新仓购＋新融通"的衡阳现代物流商贸模式与基于"跨界＋融合"的衡阳现代枢纽经济模式，同时将"惠工、惠农、惠民、惠企"的普惠事业与地区数字经济发展有机结合和联动，实现交通物流、产业创新与城市社会综合协调发展的高质量发展模式。

因此，只有社会上的各方主体共同努力，打造数字经济产业生态，才能更好地推进社会的全方位数字化转型，进而更好地实现《"十四五"规划和 2035 年远景目标纲要》中有关"加快数字化发展、建设数字中国"在四个方面发展数字经济的核心目标，参见图 1-1。

例如，2020 年 9 月，"跨省通办"作为推进政务服务要素上升到中央层面。国务院办公厅发布《关于加快推进政务服务"跨省通办"的指导意见》，明确表示推进政府服务"跨省通办"，是转变政府职能、提升政务服务能力的重要途径，是畅通国民经济循环、促进要素自由流动的重要支撑，对于提升国家治理体系和治理能力现代化水平具有重要作用。在"2021 全球智慧城市博览会·上海"大会上，华高数字科技有限公司联合国家信息中心智慧城市发展研究中心共同发布"一码通城"建设运营研究成果。从 2020 年开始，华高数字针对一码通城与数字经济发展的现实诉求，通过结合自身技术优势及多行业实践，研发了"一码通城新型智慧城市运营平台"，为各地政府打通数字经济经络体系，推动社会生产、生活和治理方式变革提供了一条"数字之路"。

第 12 章

打造数字经济产业生态

12.1　数字经济产业生态及数字治理

本书前述章节从几个核心方面简要分析了企业数字化转型的若干问题。但实际上，从大范畴来讲，单独一个企业做数字化往往是有局限性的。因为任何一个企业的经营管理活动必然要与其他企业及社会治理资源（如政府、社团、民间组织、媒体等）相互关联。因此，在企业数字化转型的过程中，需要从跨界（包括参与）、融合、链接、共享、共创、共荣等角度重新梳理各个业务所在行业（产业）之间的关系，通过若干企业及其他参与方的共同努力，打造数字经济产业生态体系，逐渐培育和完善数字经济发展的土壤。

打造数字经济产业生态体系时需要考虑诸多问题。比如，这些关联产业之间能否及如何产生跨界协同？需要什么样的逻辑、机制、数据和技术等作为背后的运行支撑？会给整个产业生态甚至社会带来什么样的价值？在理念方面带来什么样的新突破？这些都是企业数字化转型中值得探讨的重要问题。

例如，2020 年 3 月，我国疫情防控向好态势进一步巩固，各地复工复产正在逐步接近或达到正常水平，在常态化疫情防控中经济社会运行逐步趋于正常。作为经济体系中的"毛细血管"，中国的产业带中小企业积极复工复产，乘着数字经济的新风，投入稳定经济发展的大潮，也为自身的可持续经营找到了机会。

第一财经商业数据中心发布的《2020 中国产业带数字化发展报告》（以下简称《报告》），根据来自淘宝特价版、1688、淘宝天天特卖等多个平台的数据，发现全国已经形成 145 个数字化产业带，其中 13 个产业带在淘宝上的年销售额超过 10 亿元。全国十大数字化产业带分属广东、浙江、福建等省，分别有 5个、4 个和 1 个，这些产业带也都是淘宝 C2M 改造的重点区域。广东的 3C 数码，浙江金华的日用品、服饰等数字化程度较高的产业带，灵活按需定产，在传统制造业数字升级的浪潮中已抢得先机。

淘宝 C2M 模式和淘宝特价版作为数字"新基建"的探索与尝试，正在帮助 50 万工厂和 120 万商家加速数字化转型，把握复产机会。东莞厂商乐地数码的工厂主要进行手机壳模具制造，年销售额达 1.5 亿元。据总经理吴嘉源介绍,受新冠肺炎疫情影响,目前外贸订单损失额达 9 成,压力巨大。不过,受益于与淘宝数字化工厂项目的合作,乐地数码及时通过 C2M 模式增加产品销售类目,并通过淘宝的销量表现做数据分析,指导生产线安排订单,2 月订单环比增加了 25%,目前相较同期生产恢复了 50%,而且销量相比 C2M 数字化改造前增长了 5 倍。

疫情加速了传统工厂"触网"的速度,越来越多的企业像乐地数码一样意识到,数字化是产业带商家复工复产并实现恢复增长的主要动力。《报告》指出,疫情发生以来,尤其是 2020 年 3 月 26 日淘宝特价版上线以来,产业带商家"线上突围"加速。3 月以来在淘宝特价版上新开店的产业带商家超过 10 万家,其中工厂店的数量达 4.5 万家。

中国人民大学中国企业创新发展研究中心主任姚建明认为,淘宝 C2M 提供了三大行业的融合与社会价值的共创。一是把农业、工业和服务业有机结合在了一起,二是打破消费互联网和产业互联网之间的壁垒,三是带动相关的支撑产业与就业。把传统意义上做产品的企业,转型为生产型服务企业。

伴随着中国经济加速转型,传统产业更加积极地拥抱数字化,数字化的产业集群也正在加速形成。长远来看,数字化是产业带商家从简单的加工制造向更高阶段延伸的新引擎,像淘宝

C2M 这样的成熟的数字化解决方案已经成为产业带商家争相把握的增长机会。①

再比如，延安市安塞区人民政府为推动苹果产业高质量发展，与网库集团合作建设了基于苹果产业上下游的全产业链平台中国苹果产业网（2015 年 12 月上线运营）。目前平台入驻企业6 800 余家，其中延安市范围内 558 家、安塞区范围内 108 家。在产业发展方面，网库集团不断加强产业内企业孵化和产业互联网人才培养，共计孵化培育了 108 家企业及合作社，培训了2 258 名产业互联网人才，通过开展产业互联网人才培训的普及班、初级班、中级班、技能班及贫困户专项班等，为苹果产业发展提供了强有力的人才支撑。

通过产业链大数据应用，网库集团为入驻企业提供了原材料采购、生产过程、销售管理、生态服务、供应链金融等一系列数字化解决方案，先后与北京新发地、河北高碑店、南宁海吉星、福建福州海峡市场、广东运城市场、江西九江、西安雨润市场等200 余家苹果批发市场，中粮集团、中国建设银行等知名企业开展战略采购合作，有效地助力了苹果产业的高质量发展和数字化应用。

---

① 资料来源：中国十大数字化产业带公布，产业带数字化程度越高恢复增长越快 [EB/OL].https://xw.qq.com/cmsid/20200428A0O6X200.

数字经济治理需要"多网融合"

从整个社会的角度讲，在打造数字经济产业生态的过程中，必须把数字经济活动的治理纳入数字经济产业生态建设中。未来真正融合到一起的数字经济生态，将由产业互联网、消费互联网和治理互联网三大互联网构成（当然也涵盖政务互联网、民生互联网等），如图 12-1 所示。这样才能把全方位、立体化、系统性的数字经济真正做好，这也是未来成功打造"超智慧社会"的核心思想。

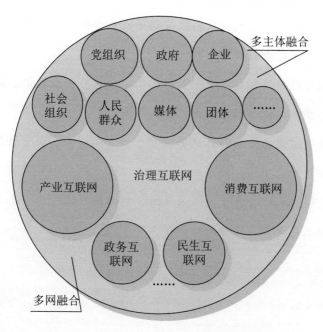

图 12-1　数字经济治理需要"多网融合"

本质上，"治理互联网"是一个大平台概念，在该平台中治理的主体是各类社会治理主体，如党组织、政府、企业、社会组织、人民群众、媒体等，治理的主体翻转后也就是治理的对象。因此，治理是相对的，社会中的任何主体也有做好自身治理的责任和义务。

由于治理的主体类别和数量庞杂，主体之间的影响、牵连和制约关系复杂，治理通常是有一定难度的。作为数字技术的赋能场景之一，数字技术本身也应该运用于治理过程中。在治理过程中，"人办不了的想办法交给技术办，人不好办的想办法交给技术办，人办的不理想的想办法交给技术办"，通过探索和尝试技术治理手段，可以在一定程度上提升治理的效果和效率。因此，适时着手打造"治理互联网"，为数字经济发展保驾护航是必要的，这也是整个国家经济社会协调发展的要求。

在数字经济的治理方面，对平台经济的治理问题无疑是人们关注的焦点。

12.2　理解平台经济及治理的重要性

平台是数字经济的重要基础，平台经济是数字经济的重要内容。近些年来，随着我国数字经济的不断发展，平台经济也增长很快，在取得了一定发展成果的同时，也存在我们熟知的普遍性问题，如用户隐私保护、数据安全、技术滥用、垄断扩张、扰乱社会资源分配等方面的很多问题。因此，近年来国家相继出台了一系列组合拳进行平台经济和数据的规范与治理，如消费者信息保护、反垄断、反对资本无序扩张等相关举措，其目的是使平台经济健康发展，进而推动我国数字经济的持续健康发展。

2022年4月29日，中共中央政治局召开会议强调，"要促进平台经济健康发展，完成平台经济专项整改，实施常态化监管，出台支持平台经济规范健康发展的具体措施。"2022年5月17日，全国政协在北京召开"推动数字经济持续健康发展"专题协商会，委员们认为，我国数字经济发展大国地位稳固，未来发展前景广阔。要推动数字经济和实体经济深度融合，引导中小企业数字化转型，充分挖掘工业互联网发展潜力。会议指出，要支持平台经济、民营经济持续健康发展，研究支持平台经济规范健康发展具体措施；增加政府直接投入，提高全民族数字化素质，支持数字企业在国内外资本市场上市。2022年6月22日中央全面深化改革委员会第二十六次会议审议通过了《强化大型支付平台企业监管促进支付和金融科技规范健康发展工作方案》等。可以看出，平台经济对数字经济发展的支撑作用较为重要，抓住数字经济发展的历史机遇，做好平台经济治理，助力平台经济规范化发展，对于实现我国数字经济持续健康发展具有重要意义。

理解平台经济与数字经济的关系

在认识上，平台经济与数字经济并不对立，从更广泛的角度来看，平台并不是数字经济的专属。平台是资源之间关系搭建的载体，是任何活动（也包括经济活动）开展的基础。在互联网出现之前，企业的经营管理活动也都是在平台上运行的。比如传统的购物中心、商场、交易会等，也都是平台。只是在数字经济环境下，有互联网等技术支撑之后，平台上链接的资源越来越多，关系越来越复杂。因此，平台是企业运行的基础，企业不可能离开平台而运行。经济是创造价值的活动，平台经济是要通过平台这一载体使其链接的资源更好地创造价值。

因此，判断平台经济优劣的根本不在于平台这个资源组织的结构和模式，而在于能否让资源通过平台给供需双方及其他社会主体创造经济效益价值和社会效益价值。有些平台企业之所以受到人们的关注，是因为其在考虑创造价值方面不够全面，更多地考虑自身的经济效益价值，而忽略了社会效益价值。

平台是企业运行的基础，也是数字经济发展的基础。在未来，数字经济的发展逐渐由消费互联网向产业互联网推进和拓展时，平台在促进实体经济发展、助力科技创新、引导资本脱虚向实等方面的支撑作用仍会显现出来。"十四五"期间，随着经济的数字化逐渐向政府的数字化、社会的数字化及数字生态建设等全方位推进，作为基础支撑的平台仍然要发挥核心的支撑作用，否则智慧城市、智慧乡村、智慧政府、智慧园区、智慧金融、智慧民生、智慧交通、智慧物流等在脱离平台后都将无法运行和实现。

数字经济要想发展，必须创新，一方面需要技术创新，另一方面需要场景和模式创新。技术、场景和模式的创新都需要平台及平台中各种资源的有效支撑。近年来，我国的数字经济发展取得了令人瞩目的成就。其中，一方面是技术上的成就，另一方面是模式和场景创新上的成就。本质上，平台经济是数字经济中的重要方面，更多地支撑着数字经济技术、模式和场景的创新。

发展平台经济和数字经济的关键是"治理"

平台经济的发展有利有弊，关键在于要对其进行合理的"治理"。全面看待平台经济和数字经济治理，应该从两个维度入手：一个是治理的主体，另一个是治理的内涵。从内涵来讲，平台经济和数字经济的治理，也就相当于对相关企业的治理，治理的层面有多个，如战略层面的、组织层面的、业务层面的、技术层面的，我们对数据、算法等的治理已经在技术层面了。但仅对数据、算法等进行治理远远不够。因为数据、算法等方面存在问题（如大数据杀熟）的根源在其他层面。

不论平台企业的规模做到多大，它仍然是社会经济的基本单元，其运行的规范性必须得到治理主体的制约和影响。从治理主体的角度讲，有政府、企业自身及其他社会主体（见图 12-1）。站在不同主体的角度，其治理的诉求、目标、途径和手段都不同。因此，要根据具体的治理对象、治理内涵、所在地域、环境等多方面的因素探索治理的途径。

从政府主体的角度讲，对平台经济治理的难点在于平衡发展与安全、创新与规范、收益与风险等一系列有关经济治理的本质问题。这些本质问题并非只适用于平台经济治理或数字经济治理，而是适用于所有经济活动的治理。

从平台企业主体这一治理的角度讲，需要考虑从政治站位到自己未来方向的树立，再到模式的打造及技术的应用等多个方面。近些年平台企业在经营管理过程中之所以出现了很多问题，核心还在于没有厘清经济效益价值与社会效益价值之间的关系。不能单纯地从经济效益价值的角度考虑平台的运作，更多的还是要从社会效益价值的角度思考。如前所述，企业创造价值时必须考虑社会效益价值和经济效益价值两个维度才全面。

实际上我们也看到，近年来，很多平台企业也在社会效益价值方面进行了持续的拓展。

例如，2022年1月11—14日，由腾讯研究院与腾讯可持续社会价值事业部（SSV）联合主办的2022科技向善创新周圆满落幕。本届科技向善大会首次改版升级为持续4天的线上研讨，推动对科技向善理念更深入的交流和思考。创新周以"打开"为主题，囊括了打开算法黑箱、推进数字包容、促进乡村振兴、循环经济和社会价值创新路径等多个重要议题，旨在从更广阔的视角理解和构建美好的数字社会。

自2019年起，腾讯研究院连续3年发布科技向善系列白皮书，每一册都凝聚了包括腾讯在内的领军企业、学术机构、公益组织及各领域思想者对科技向善的思考和实践。科技向善的理念代表了未来企业对于商业价值和社会价值如何统一的思考，即不仅要看经济贡献，还要衡量与评估其创造的社会价值和社会意义。科技是一种能力，向善是一种选择，科技向善不仅是腾讯的使命愿景，也是时代的一种命题。

2022年以来，很多平台企业表态要为商家多做实事，要提供更好的数字化经营阵地，要与商家共同成长等，这本身就是平台企业自我治理的体现。当然，平台企业的自我治理需要贯穿企业的整个生命周期，通过不断的自我治理，不断地完善和提升自己，而不应该是一个短期现象。

如前所述，做好科技创新是国家的重要战略，科技创新需要资金及其他资源的有效投入，也需要市场的牵引和带动。未来数字经济的创新和应用领域逐渐由消费互联网向产业互联网延伸，平台企业也应该从关注外延的平台模式创新逐渐向关注内涵的技术创新转移。技术创新是实现"万物互联"的基础，"万物互联"是数字经济智能化和智慧化的基础，是真正实现数字技术赋能全方位经济和社会活动的基础。在产业互联网领域，未来有很大的发展空间，每个企业在自己所在的行业、领域都可以尝试进行技术的创新和探索，一方面解决数字化转型中的现实问题，另一方面拓展业务领域。头部平台企业可以在产业互联网领域多发力，为更多的中小企业搭建产业互联网平台，搭建创新、应用和市场的平台，构建资源共享的场景和底座，打造资源共创的生态体系，更好地通过数字经济转型为各方主体及社会创造更大的价值（包括社会效益价值和经济效益价值）。

未来，不同主体需要从更高的视野更有远见地相互协同，共同推进数字经济和平台经济的持续健康发展，紧密围绕数字经济及平台经济发展中的痛点和问题进行挖掘与探讨，关注平台中各资源主体的实际诉求，有针对性地探索解决方案和落地举措。

12.3 做好数字经济规划，打造产业生态

从整个社会的角度讲，未来真正融合到一起的数字经济生态需要由产业互联网、消费互联网和治理互联网等协同构成，这样才能真正做好数字经济，全面赋能经济和社会的协调发展，这也是各地政府在发展数字经济时需要考虑的重要问题。

近年来，各地区（经济区域、省、市、县等）都相继开展或准备开展数字经济规划与布局工作。各地区在进行总体战略规划时，能否将数字经济发展与规划列为重点内容予以考虑和部署，能否正确、积极、有效地实施数字经济规划的落地，决定着该地区能否给企业数字化转型提供必要的基础平台支撑。因此，探讨具有系统性和普适性的合理的数字经济规划框架对于指导各地区做好数字经济规划具有重要的战略意义。

一是数字经济相关基础设施建设存在不均衡、不充分的问题，特别是中西部地区、欠发达省份等的数字经济基础设施建设明显落后于东部地区和发达省份，农村地区也明显落后于城市。这在一定程度上影响了整个社会数字经济的协调发展。

二是数字经济与实体经济融合的深度和广度与经济高质量发展的要求还不能完全匹配。一直以来，由于人们对数字经济存在认识上的误区，总以为搞"数字化"就是传统"信息化"的升级

版。在这一理念下，很多地区及企业在进行数字化规划和建设时没有从新的理念角度进行突破，没有从经济运行模式的本质上进行转变，导致数字经济和企业数字化转型作为独立领域发展，忽视了其与其他经济行业、社会主体之间的深度融合，难以发挥协同效应。

三是数字化治理模式尚未健全，有助于数字经济规范有序发展的政策环境、资源协同还有待进一步完善。由于数字经济发展的前提是拥有大量的数据，而数据的运行必须依靠合理高效的数据治理，因此数字化治理模式对于数字经济规划具有重要意义。由于长期以来，各地区在经济、社会、文化发展水平，以及社会治理水平和能力方面存在较大差异，导致不同地区在数字化治理方面存在差异和不均衡，这是制约地区数字经济发展的重要因素。

数字经济规划的总体逻辑

各地区在进行数字经济规划时应该通盘考虑上述问题，做到有的放矢，力求实现全面均衡的规划和发展。

从数字经济的本质上讲，精准、跨界、融合、共享、生态等是数字经济区别于传统经济运行模式的主要特征。理想状态下，要想在数字经济运行中充分发挥这些特征的作用，需要实现全社会资源的互联、互通及相关数据的有效打通，真正做到"万物互联"。因此，针对我国数字经济相关基础设施建设不均衡、不充分的问题，在进行数字经济规划时必须从全社会一盘棋的角度考虑并进行数字经济的统筹规划，才能真正实现不同行业的跨界、融合，才能真正实现社会资源的统筹共享和优化，才能真正实现数字化生态系统的建立，进而带动数字化产业带的建设和发展。因此，打通行业和地域界限，从社会各主体相关联的系统的角度进行统筹、协同规划，是做好数字经济规划的前提。

进行数字经济规划时，另一个重要的关注点是理念的创新。如前所述，如果认为搞"数字化"就是传统"信息化"的升级版，必然会将数字化平台打造为针对专一行业的技术支撑平台，难以发挥数字化平台在不同行业跨界、融合中的作用。因此，各地区在进行数字经济规划和建设时，需要从新的理念的角度进行突破，需要从数字经济运行模式的本质上进行转变，充分考虑如何解决数字经济与其他行业之间的跨界和融合问题，以便更好地发挥协同效应。特别是应进一步实现数字经济与实体经济的融合，拓展融合的深度和广度，促进经济高质量发展。

在进行数字经济规划时，除了要考虑规划发展的均衡性以及理念的突破和转变之外，如何进行数字化治理也是规划时需要重点关注的。数据治理是用好数据、提高数据价值和提升数据运行效率的有效支撑。在进行数字经济规划时，考虑治理问题的关键在于实现治理的统一性和协调性。数据治理的统一性和协调性也反映在针对不同性质、不同发展程度以及对社会有不同影响和作用程度的行业上，解决对这些行业的数据进行规划、打通和治理的问题，是实现跨界、融合、共享、生态等特征的有力支撑。

再从城市的产业发展和规划来看，一般来讲，产业是城市发展的动力。传统的城市规划中，往往将产业园区打造成城市发展的"基础设施"，它们与水务、桥梁、高铁、通信塔、数据中心一样，都是城市运行的骨架。近年来，在互联网大潮中崛起的城市往往具有较高的综合城市竞争力，而长期以"招商"为主要目的来运营的城市和园区可能面临无商可招的局面，这主要是因为在早期的规划建设中，产业发展与城市发展的理念是相对割裂的。可以说，重视经济而忽视生活、人文与生态的跨界、融合是传统城镇化产业规划和园区打造中的普遍现象。如果不能从城市发展及城乡协同发展的角度进行系统考量，当环境发生变动时，必然会面临较多不确定性风险的考验。

与以往不同，在数字经济环境中，对于城市产业的规划与布局应该更加重视产业＋生活的综合运营能力，而非单纯的产业招商能力。随着近些年来城镇化进程的不断推进，城镇人口越来越多，城市半径不断扩大，人们的生产、生活方式不断升级，对于产业与城市跨界、融合协调发展的需求日益强烈。未来，城市的经济功能与人文、社会和环境功能必须协调一致、统一规划，这是进行数字经济关联产业规划时必须考虑的重要方面。

为了更好地指导我国各地区（经济区域、省、市、县、园区等）进行合理的数字经济规划，本书作者于 2020 年提出了数字经济规划的系统框架（PPIGR-SLO 框架）。该框架包括一个基础平台（P）、两个动力支柱（P）、三个融合与协同（I）、四个数字化治理（G）、四大资源支撑（R）、一个综合战略定位（S）、四个关联布局规划（L）及一个运行规划（O）。

PPIGR-SLO 框架包含了数字经济规划的内容设计、战略定位与落地两部分，全面系统地将数字经济规划所需的战略洞察、战略定位和战略执行纳入统一框架，为做好数字经济规划提供了有力的参考和借鉴。框架的具体内容如表 12-1 所示。

PPIGR-SLO 框架明确指出了各地区（主体）在进行规划时，首先应该考虑搭建功能完善的数字经济发展基础平台（政府管理数字化平台），这是保证数字经济运行的基础平台。

其次，要打造数字产业化和产业数字化两大动力支柱。数字产业化是将新兴的数字经济打造成支柱产业的过程，如贵阳市通过若干年的发展，已经基于大数据基础设施的建设及相关软件和硬件产业的发展，将大数据相关产业打造成了支柱产业和城市名片。而产业数字化则是通过数字技术来改造传统产业，对传统产业进行数字化转型升级，将其打造成带动地区经济发展的支柱产业。任何地区未来的经济发展，必然都要靠这两个产业来推动，只不过需要根据实际情况进行比重的动态调整。

表 12-1　数字经济规划总体框架（PPIGR-SLO）

内涵	规划特点	相关说明
内容设计	一个基础平台（P）	政府管理数字化平台
	两个动力支柱（P）	数字产业化、产业数字化
	三个融合与协同（I）	数字产业化、产业数字化与战略性新兴产业深度跨界融合与协同创新
	四个数字化治理（G）	大数据综合治理 环境数字化治理 人口、社会、文化数字化治理 产业跨界融合与协同创新数字化治理
	四大资源支撑（R）	政府资源、社会治理资源、自然技术资源、人口资源
战略定位与规划落地	一个综合战略定位（S）	数字经济发展战略定位
	四个关联布局规划（L）	区域（城市、乡村）地理空间布局规划 数字化农业、工业、服务业、战略性新兴产业带（园区）布局规划 人口、社会、文化协同布局规划 智慧基础设施布局规划
	一个运行规划（O）	数字经济运行规划

再有，各地区在进行未来产业布局时，必然要考虑各产业主体（行业）之间的跨界、融合、共享和生态等问题，特别是要关注新兴的数字产业与传统产业如何进行跨界、融合与协同的问题。

这是因为传统产业的升级改造本身就需要新兴的数字产业进行支撑，反之，其也可以有力地促进新兴的数字产业。

同时，由于以重大技术突破和重大发展需求为基础，对经济社会全局和长远发展具有重大引领带动作用，成长潜力巨大的产业——战略性新兴产业是新兴科技和新兴产业的深度融合，具有科技含量高、市场潜力大、带动能力强、综合效益好等特征。因此，各地区在进行产业规划时，也应该考虑战略性新兴产业的培育和发展问题。在国务院已认定的九大战略性新兴产业中，实际上既有与数字产业相关联的产业，又有与非数字产业相关联的产业。因此，各地区在进行产业布局和发展时，不仅需要考虑数字产业化与产业数字化的跨界、融合、协同问题，还需要考虑二者与战略性新兴产业的跨界、融合与协同发展、创新的问题，这样才能更加系统、均衡地做好地区产业布局，打造经济发展优势。

各地区在进行数字经济规划时，还应该重点考虑四个方面的数字化治理问题，即大数据综合治理，环境数字化治理，人口、社会、文化数字化治理，以及产业跨界融合与协同创新的数字化治理。这是保证整个地区经济建设与社会协同健康发展，有效平衡收益与风险、近期与长远、局部与整体之间关系的基础支撑。

PPIGR-SLO 框架为有效解决当前数字经济发展中治理动力不足、发展不均衡不充分及数字经济与实体经济融合不充分等问题指明了方向，不仅明确了数字经济发展的主要任务和动力来源，还阐明了如何做好数字经济的战略定位，促进规划落地，为政府实施数字化管理提供了借鉴和参考，为各地区进行数字经济规划指明了方向，也为各类经济主体规范地开展数字经济活动提供了参考依据。

例如，基于 PPIGR-SLO 框架的理念，由中国人民大学中国企业创新发展研究中心（数字经济产业创新研究院）联合中国通信企业协会共同编制的团体标准《县域数字经济发展评价指南》已经于 2021 年正式发布。该指南对于我国县域数字经济的评价、规划及发展具有重要的指导性和参考性意义。

关于 PPIGR-SLO 框架的详细介绍请参考《数字经济规划指南》[①]。

总之，只有各地区不断推进数字经济规划与落地，才能促进企业与其他社会资源主体之间形成相互关联的跨界、融合、链接、共享、共创、共荣的新型关系。这为有效构建数字化产业生态奠定了坚实的基础，以便真正实现企业数字化转型的有效落地。

---

① 　姚建明. 数字经济规划指南 [M]. 北京：经济日报出版社，2020.

后　记

数字经济是继农业经济、工业经济之后的主要经济形态，其发展速度之快、辐射范围之广、影响程度之深前所未有，正在推动生产方式、生活方式和治理方式的深刻变革。

当前，企业数字化转型工作正在如火如荼地开展，但是笔者在对众多国企（包括央企）、头部企业的调研、咨询和培训工作中发现，在没有真正理解数字化转型逻辑的前提下盲目推进数字化转型，不仅不能给企业带来绝对的绩效增长，还可能导致企业陷入迷茫甚至步入发展的歧途。就企业转型现状来看，通过数字化转型重焕生机或一路走高的企业屈指可数。

数字化转型的本意是让企业的发展重焕生机，发展空间更加广阔，然而却有许多企业囿于转型的桎梏，束手束脚。究其原因，一是企业不知道为何转型；二是企业不清楚如何转型。这两个关键问题得不到解决，将会导致组织上下目标不明确，思想不统一，转型不彻底，从而将企业拖入泥潭，与数字经济发展带来的战略机遇失之交臂。

在如今这个竞争激烈的时代，错失发展机遇对于各类企业尤其是中小企业而言，无异于灭顶之灾。因此，本书针对读者在学习和理解数字经济、企业数字化转型等问题上的若干误区及转型中普遍存在的问题，从全新的理念、体系、工具和方法等方面重新架构了企业数字化转型的核心内容。

显然，任何一家企业的数字化转型都必须经过知、行、得三重境界。"知"是指居高临下排除干扰，抓住转型中的主要矛盾；"行"是指采取正确的方法，坚持不懈地实践与改进；"得"是指知行合一、融会贯通，最终开辟一条与企业自身发展相适应的数字化转型之路。因此，本书按照"破除迷障"—"化瘀散结"—"融会贯通"的顺序展开。

首先，本书以简明易懂的文字引领读者理解数字经济和数字化转型的本质，识别企业当前存在的问题及痛点，抓住转型中的主要矛盾和重点任务。在厘清思路的基础上，本书提出了全面做好企业数字化转型的系统性理念、框架和工具、方法，包括企业数字化转型的整体框架、"三维驱动-五位赋能"模型、企业数字化转型的商业模式创新要点、价值挖掘的核心特征、"场景"打造的核心要点、"精准"三角形工具、"互联网+"和"智能+"思维、智能制造的核心逻辑、"跨界-融合-参与"定制模式设计、企业数字化转型落地的"三大法宝"、组织重构的 8S 方法、超柔性组织架构、全域驱动力理论、数字化产业生态的打造等。这些理念、框架和工具、方法是笔者多年来对若干国企（包括央企）、金融机构、头部企业数字化转型培训心得和实战经验总结的结晶。通过合理运用数字化转型的整体框架和分析设计工具，管理者可以系统地把控企业的经营管理过程，高屋建瓴地规划与设计企业全方位数字化转型的总体规划和系统蓝图。最后，通过不断地实践与改进，走出一条与企业定位和发展阶段相适应的、独特的数字化转型道路，在激烈的市场竞争中立于不败之地。

纵观历史长河，未有一个国家像我们的祖国一样，在如此短的时间内走完发达国家几百年走过的工业化历程，实现从站起来、富起来到强起来的伟大跨越。举目未来之路，数字化转型将是我国提升经济实力、科技实力、综合国力和人民生活水平的又一阵东风。将数字技术与实体经济深度融合，赋能传统产业转型升级，催生新产业新业态，壮大经济发展新引擎是把握新一轮科技革命和产业变革新机遇的战略选择。对企业而言，打造数字化新优势既是党和国家赋予的重大使命，也是自身发展的重大机遇。

彩虹和风雨共生，机遇和挑战并存，这是亘古不变的辩证法则。当今世界正经历百年未有的大变局，新冠肺炎疫情加剧了大变局的演变，国际环境日趋复杂，经济全球化遭遇逆流，我们更要"在危机中育新机、于变局中开新局"，用科学的认识论和方法论推动数字经济的发展。通过数字技术与实体经济的融合，解决阻碍我国高质量发展的短板弱项以及结构性、体制性、周期性问题相互交织所带来的困难和挑战，让数字中国跑赢世界、胜在未来！

参考文献

1. 姚建明. 战略管理——新思维、新架构、新方法：第 2 版 [M]. 北京：清华大学出版社，2022.

2. 姚建明. 运营与供应链管理：第 2 版 [M]. 北京：中国人民大学出版社，2020.

3. 姚建明. 战略供应链管理 [M]. 北京：中国人民大学出版社，2014.

4. 姚建明. 数字经济规划指南 [M]. 北京：经济日报出版社，2020.

5. 姚建明. 面向服务大规模定制的供应链运作 [M]. 北京：光明日报出版社，2019.

6. 姚建明. 第四方物流整合供应链资源 [M]. 北京：中国人民大学出版社，2013.

7. 姚建明. 不同场景下面向新零售模式的供应链运作优化研究 [M]. 北京：经济日报出版社，2022.

8. 姚建明. 大规模定制模式下的供应链调度理论与方法 [M]. 北京：中国物资出版社，2009.

9. 姚建明. 很多企业的数字化转型存在误区 [EB/OL].《财经》新媒体，https://finance.sina.com.cn/chanjing/gsnews/2022-03-25/doc-imcwipii0579873.shtml.

10. 姚建明. 数字经济推动科技创新、赋能高质量发展 [EB/OL]. 光明网，https://share.gmw.cn/interview/2021-10/18/content_35272042.htm.

11. 姚建明. 企业如何做好数字化转型 [J]. 国企管理，2021（17）.

12. 姚建明. 数字化转型的理念框架，2020 数字经济大会专访 [N/OL].2020-09-20, http://cen.ce.cn/more/202009/27/t20200927_35827701.shtml.

13. 姚建明. 数字化转型，企业未来对话世界的基础 [EB/OL]. 搜狐网，

2019-08-06，https://www.sohu.com/a/331564265_100001551.

14. 姚建明. 发挥首都核心优势，打造全球数字经济标杆城市 [N/OL]. 新京报，2021-08-02，https://baijiahao.baidu.com/s?id=1706941403978440433&wfr=spider&for=pc.

15. 《2020 中国产业带数字化发展报告》：数字化成增长新引擎 [EB/OL]. 中国网，2020-04-28，http://zjnews.china.com.cn/yuanchuan/2020-04-28/224753.html .

16. 姚建明. 解读《政府工作报告》——2022 年新任务、新领域、新关键，稳步推进我国数字经济发展 [EB/OL]. 中宏网，2022-03-08，https://news.ruc.edu.cn/archives/369963.

17. 姚建明. 做好平台经济和数字经济治理, 推动数字经济持续健康发展 [EB/OL]. 中宏网，2022-05-27，https:zhonghongwang.com/show-385-242301-1.html.

18. 姚建明. "敬畏" 技术，数字化转型才能步入良好赛道 [EB/OL]. 中宏网，2022-06-20，https://www.zhonghongwang.com/show-385-244704-1.html.

19. 央视财经频道《经济半小时》节目。

20. 央视财经频道《商道》节目。

21. 央视财经频道《中国财经报道》节目。